J. Tom Burgess
Die praktische
Knoten-Fibel

J. Tom Burgess

# Die praktische
# Knoten-
# Fibel

**knoten**
**schlingen**
**spleissen**

## Dritte Auflage

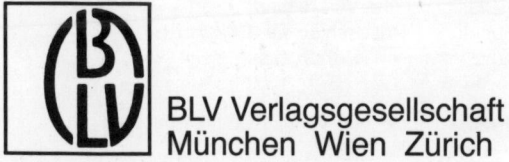

BLV Verlagsgesellschaft
München Wien Zürich

CIP-Kurztitelaufnahme der Deutschen Bibliothek

**Burgess, J. Tom:**
Die praktische Knoten-Fibel: knoten, schlingen,
spleissen / J. Tom Burgess. [Bearb.: J. Irving
u. Crab Searl. Übers.: Gerhard Meyer-Uhl]. – 3. Aufl. –
München; Wien; Zürich: BLV Verlagsgesellschaft, 1984.
  Einheitssacht.: Knots, ties and splices ‹dt.›
  ISBN 3-405-12969-9

NE: Irving, John [Bearb.]

Bearbeiter: Commander J. Irving und Crab Searl
Übersetzer: Gerhard Meyer-Uhl
Grafik S. 118: Hellmut Hoffmann

Titel der englischen Originalausgabe:
»Knots, Ties and Splices«
© 1977 Routledge & Kegan Paul Ltd., Henley and Boston

© 1981 der deutschsprachigen Ausgabe:
BLV Verlagsgesellschaft mbH, München 1984

Gesamtherstellung: Presse-Druck- und Verlags-GmbH Augsburg
Printed in Germany · ISBN 3-405-12969-9

# Inhaltsverzeichnis

Vorwort  7

Vorwort des Übersetzers  8

Einleitung  9

Allgemeines über Tauwerk  13
Einfache Knoten und Steke  20
Verkürzungssteke  31
Das Verknoten zweier Enden  37
Spleißen von Naturfasertauwerk  45
Weitere Möglichkeiten, Enden zu verbinden  54
Knoten im Alltag  60
Ring- und Muringknoten  65
Knoten für Haken, Tauwerk oder Spieren  70
Festmacher und Laschings  75
Takling und Rückspleiß  82
Flechtwerk und Matten  92
Stropps und Lastschlingen  98
Drahttauwerk  103
Anglerknoten  108
Spleißen von geflochtenem Kunstfasertauwerk  111
»Fancywork« jeden Tag  119

Sachverzeichnis  121

Register  124

# Vorwort

Ein Buch, das seit 1884 auf dem Markt ist und seitdem ständig verlangt wird, zu überarbeiten und auf den neuesten Stand zu bringen, war mir eine besondere Ehre. Da Originalausgaben für Sammler von besonderem Wert sind, habe ich soweit als möglich die ursprüngliche Gestaltung und die Zeichnungen beibehalten. Natürlich mußten die Fortschritte beim Kunstfasertauwerk berücksichtigt und ein Kapitel über das Spleißen von geflochtenem Kunstfasertauwerk hinzugefügt werden. Das Dezimalsystem erscheint erstmals in den Angeboten von Tauwerk für Segler.

Der mit ihren Fabrikaten »Marina« und »Viking« Seglern und Bergsteigern wohlbekannten Firma Bridon Fibres and Plastics Ltd. danke ich für die Hilfe bei der Bearbeitung der neuen Werkstoffe.

Crab Searl

# Vorwort des Übersetzers

Ist eine Knoten-Fibel für die Praxis nicht ein Anachronismus? Zwar werden auf dem Schutzumschlag von Ashley's »Book of Knots«, das regelmäßig alle zwei bis drei Jahre neu erscheint, über 3800 Knoten angekündigt, aber nur ein halbes Dutzend Knoten muß der Prüfling im praktischen Teil der Binnen- oder Sportbootführerscheinprüfung beherrschen. Auch der Angler braucht heute für die Kunststoffschnüre und -leinen nur noch fünf bis sechs Knoten. Aber eine etwas umfassendere Kenntnis verschiedener praktischer Knoten kann auch heute noch hilfreich sein und Anerkennung bringen.

Für alle, die entweder im Alltag oder in ihrer Freizeit mit Tauwerk, Leinen, Schnüren oder Bindfaden umgehen, ist die Knoten-Fibel von Burgess/Searl mit ihren etwa 250 Gebrauchsknoten ein handliches und zweckmäßiges Nachschlagewerk, genau mit dem richtigen Umfang.

Durch die besondere Art der vergleichbaren Zusammenstellung der Knoten wird sowohl der Fortgeschrittene den zweckmäßigsten Knoten für die jeweilige Aufgabe schnell finden als auch der Anfänger die für ihn wichtigen Knoten leichter lernen und unterscheiden können, ganz gleich ob als Angler, Sportschiffer, Camper, Autofahrer oder Wanderer.

Gerhard Meyer-Uhl

8

# Einleitung

Bildlich gesprochen knüpfen wir ein Band der Freundschaft, der Liebe oder der Ehe. Eine Aufgabe, die schwer zu lösen ist, vergleicht man mit dem Gordischen Knoten. In der Heraldik finden wir Knoten und Zierknoten, die eigentlich gar keine Knoten sind, insbesondere bei kirchlichen Wappen. Dann gibt es den Monkey-, den Peruvianischen-, den Windknoten und Taschenspielerknoten; sie gehören zu den Zierknoten.

Weber-, Maurer-, Seemanns- und Anglerknoten sind echte und nützliche Knoten, so zum Beispiel Steke, Zurrings, Zeiser, Taklinge, Kürzungen, Stoppersteke, Palsteke und Spleiße. Diese Knoten finden im täglichen Leben Verwendung.

Letztlich bestehen sie aber alle aus gedrehten Fasersträngen; ihre Zahl, ihre Verschiedenheit und ihre Kompliziertheit wird nur von der Aufgabe bestimmt, für die sie gedacht sind. Und genaugenommen hängt der Wert eines Knotens im Rahmen seiner Aufgabe von der Reibung und der zusammenpressenden Kraft ab, die allein in den Windungen und in den ganz speziellen Drehungen des Knotens wirkt.

Will aber jemand den Zweck all dieser verschiedenen Knoten, Steke und Spleiße wissen, sollte er einen Seemann fragen, denn dieser kennt vielleicht noch am ehesten ihre Verwendung. Doch einmal abgesehen von der Nützlichkeit auf einem Schiff hat die Kunst – und es ist eine Kunst – des Knotenknüpfens bei hundert und einer Gelegenheit ihren ganz unzweifelhaften Wert. Napoleon hat einmal den Erfinder eines absolut sicheren Knotens geadelt.

Die Geschichte der Knoten verliert sich im Nebel des Altertums. Im Englischen wird das Wort Knoten (engl.: *knot*) vom Altenglischen *cnotta* (miteinander verbinden) abgeleitet. Das englische *bend* (der Stek des Seglers) kommt vom angelsächsischen Wort *bygan* (beugen) und bedeutet eine Schlinge machen oder in ein Ende eine Bucht legen. Aber die Knüpfkunst geht viel weiter zurück. Ein einfallsreicher Essayist schrieb einmal: Knoten sind wahrscheinlich so alt wie unsere Finger. Zweifelsohne haben rankende Pflanzen sich schon im Paradies an die ausgebreiteten Zweige geknotet, als sie für Eva eine Laube bildeten. Seit damals sind sie verknüpft mit dem menschlichen Leben. Ob im Aberglauben, in der Zauberei, als Symbol Liebender oder einfach wegen ihrer Nützlichkeit gebraucht – sie sind ein Teil menschlicher Tätigkeit: Eva mußte erst einen Knoten machen, ehe sie nach der Vertreibung aus dem Paradies anfangen konnte, das erste Stückchen Tuch zu weben.

Schon zu Zeiten Homers waren Knoten etwas Alltägliches, heißt es doch im achten Gesang der Odyssee, daß Odysseus die reichen und kostbaren Gewänder, die Vasen, das Gold und andere wertvolle Geschenke des Alkinoos und der Königin mit einem Seil zusammenschnürte, das er mit einem zaubermächtigen Knoten nach Kirkes kunstvoller Art sicherte. Dieser Knoten Odysseus' wurde dann sprichwörtlich für eine unlösliche Schwierigkeit: ὀχοῦ Ὀδυσσέως δεσμός.

Ein weiteres Beispiel des Knotenbindens in jener Zeit, in der es ja noch keine schützenden Schlösser gab, ist die Geschichte des Gordischen Knotens. Homer beschreibt die Schatzkammern einer Festung und deren Schätze, die durch einen kompliziert geknüpften Knoten gesichert waren.

Wahrscheinlich werden wir nie erfahren, wie der Gordische Knoten gebunden war. Gordios war ein phrygischer Bauer. Das Orakel des Apoll hatte ihm ein Königreich geweissagt, und als Dankopfer brachte er sein Pfluggeschirr dem Zeus im Tempel dar. Einer der Zugriemen war so geschickt geknotet, daß bald eine Weissagung daran »geknüpft« war: Wer diesen Knoten lösen kann, wird König über ganz Asien. Es ist berichtet, daß Alexander der Große, als er den Knoten nicht lösen konnte, ihn mit seinem Schwert durchschlug.

Die Knoten in der Heraldik heißen in der englischen Fachsprache *badges* (Abzeichen, Kennzeichen) und wurden ganz zweifelsohne schon zu einer Zeit benützt, als die Wappenkunde in unserem Sinne noch in der Zukunft lag. (Auch heute finden sie sich noch in den Abzeichen schottischer Clans.)

Von einem Knoten soll hier noch die Rede sein, der weder eine historische noch eine heraldische, sondern eine symbolische Bedeutung hat, dem *True Lover's Knot*. Mancher Liebhaber fürchtet sich vor diesem Knoten, von dem man sagt, daß er, »einmal mit der Zunge gebunden, nicht einmal mit den Zähnen wieder gelöst werden kann«. Der alte Sir Thomas Brown vermutete, daß er seinen Ursprung im Herkulesknoten hat. Das war ein hochgeschätzter, geheiligter Knoten ähnlich der Schlangenverknüpfung im Heroldstab des Hermes. Diese uralten Stäbe waren aber wahrscheinlich nur bildlich zu verstehen. Die alten Hexenmeister benützten Knoten bei ihren Beschwörungen. Die Hexen in Lappland verkauften ihrer seefahrenden Kundschaft »Windknoten«, geknüpft in Schnüre. Wenn man einen bestimmten Wind brauchte, pfiff man nicht nach ihm, sondern löste den entsprechenden mit Zauberei gebundenen Knoten. Überall und zu allen Zeiten wurden von den Geisterbeschwörern die verschiedensten Knoten zur Unterstützung ihrer magischen Künste benützt.

Die Aufzeichnungen über »Knoten, Schlingen und Spleiße« habe ich aus verschiedenen Quellen für alle jene gesammelt, die einen Knoten nicht sicher binden können, obwohl sie es täglich tun – und wenn es nur an ihren Schuhen ist. Nicht nur der Seemann, sondern jeder Handwerker und beinahe jeder Berufstätige hat seine Spezialknoten, überkommen seit Generationen vom Meister auf den Lehrling, vom Vater auf den Sohn. »Knoten knüpfen« ist eine Kunst. Wer sie nicht beherrscht, wird Knoten fabrizieren, die entweder nicht halten oder sich nicht mehr aufbinden lassen. Entweder gelingt ihm ein Altweiberknoten oder ein falscher Knoten. Selbst wenn er die beiden Enden einer Schnur mit dem einfachsten aller Knoten, einem Überhandknoten, zusammenknüpft, sei ihm gesagt, daß es der ungeeignetste Knoten ist und dazu noch einer, der, wie der Seemann und der Kenner wissen, gefährlich für die Festigkeit des Materials ist.

# Allgemeines über Tauwerk

Wir müssen uns zunächst etwas mit dem Material befassen, das zum Knoten benutzt wird. Beim Aufdröseln einer Schnur aus Naturfasermaterial wird es kaum jemand aufgefallen sein, daß er ein Miniaturseil in Händen hält. Bei näherer Betrachtung hätte er auch feststellen können, was die Seilerei gemacht hat, um eine ununterbrochene Schnur zu erhalten. Dazu werden zunächst einmal die Fasern zu Kabelgarnen zusammengedreht, und zwar rechtsherum. Die Kabelgarne werden dann linksherum, also in entgegengesetzter Richtung, zu Kardeelen geschlagen. Würde man die Kardeele (wie eine Anzahl zusammengedrehter Garne heißt) in derselben Richtung wie die Kabelgarne, also rechtsherum, schlagen, würden sie beim geringsten Zug zerreissen. Man hat aber gelernt, daß ein festes, haltbares Tauwerk durch die Reibung seiner einzelnen Teile dann entsteht, wenn die Kardeele in entgegengesetzter Richtung zusammengedreht werden. Nach Zahl der Kardeele und dem Drehsinn unterscheidet man die verschiedenen Arten von Garnen, Leinen, Marlleinen, Trossen und Kabeln. Um zwei Enden von diesem Tauwerk zu verbinden, braucht man einen Knoten, einen Stek oder Spleiß.

Dasselbe Prinzip wendet man bei dem heute überwiegend gebrauchten Kunstfasertauwerk an; die Kunstfasern werden gewöhnlich zunächst als endlose Fäden aus Nylon, Terylene, Polypropylen oder Polyäthylen durch Düsen gepreßt und dann auf die gewünschte Länge geschnitten. Manche bevorzugen nach wie vor Naturfaserprodukte, obwohl sie nicht immer ohne weiteres zu bekommen sind.

Knoten sind ebenso mannigfaltig wie das verknotete Material. Die ursprünglich von Naturvölkern gebrauchten Tierfasern, Lederriemen oder geflochtenen Därme wurden schnell von den Pflanzenfasern auf Grund ihrer Festigkeit und Sicherheit verdrängt.

Hanf, Flachs, Kokosfasern und Baumwolle waren einst in alltäglichem Gebrauch, aber nur Manila- und Sisalfasertauwerk ist noch einigermaßen erhältlich. Die Kunstfaser hat fast vollständig die Naturprodukte verdrängt, weil sie relativ stärker, billiger und leichter zu handhaben ist.

Etwa ab 1940 gab es Lieferschwierigkeiten bei der Naturfaser, so daß die Kunstfaser um so schnelleren Eingang fand, zumal ihre Überlegenheit bald evident wurde. Ganz grob gesagt leiten sich die Kunstfasern von zwei Ursprungsstoffen ab: Nylon von Kohle und die verschiedenen Polyester-, Polyäthylen- und Polypropylenverbindungen vom Erdöl. Nylon hat mehr Reck (Dehnfähigkeit) als die Kunstfasern aus Erdölprodukten, daher ist es hervorragend für Ankertrossen geeignet. Einige der »Erdölfasern« lassen sich, nachdem sie in der Fabrik vorgereckt wurden, sehr gut an Stelle von Draht im stehenden Gut verwenden.

Schoten, Fallen und Niederholer werden heute in gleichbleibender Qualität aus Polyesterverbindungen hergestellt, in Großbritannien unter dem Warenzeichen Terylene, in anderen Ländern unter den Warenzeichen Trevira, Tergal, Dacron u. a.

Die Entwicklung von geflochtenem Tauwerk – eine geflochtene Seele in einer geflochtenen Hülle (Abb. 1) – wurde erst durch die Kunstfa-

Abb. 1
Geflochtenes Tauwerk

sern möglich. Es ist mehr als zweimal fester als entsprechendes Manilatauwerk. Manilatauwerk verliert dazu noch 30% seiner Festigkeit, wenn es naß wird. Synthetisches Tauwerk verändert sich dagegen nicht; es bleibt kinkenfrei, ist flexibel, weich in der Hand, greift gut an der Winsch und läßt sich leicht spleißen.

Geflochtenes Polyestertauwerk ist außergewöhnlich fest, zeigt kaum Reck und ist gut für Schoten und Fallen. Geflochtenes Nylontauwerk ist ideal für Anker- und Muringtrossen. Verglichen mit Manilatauwerk entsprechenden Durchmessers ist geflochtenes Polyestertauwerk mehr als anderthalbmal stärker, geflochtenes Nylontauwerk mehr als zweieinhalbmal.

Aus Polyester und Nylon gibt es außer geflochtenem Tauwerk dreikardeeliges Tauwerk und zwar im Trossenschlag, das normalerweise rechtsgeschlagen ist.

Für spezielle Zwecke, für sehr belastbares Tauwerk oder Muringtrossen werden drei dreikardeelige, rechtsgeschlagene Trossen zu einer einzigen linksgeschlagenen, stärkeren **Trosse** vereinigt, die dann also **neunkardeelig** ist (Abb. 2). Dieses **Kabel** ist natürlich sehr fest und elastisch. Es wurde gebraucht, als man bei der Seilerei nur Naturfasern verwendete.

Als 1884 dieses Buch erstmals erschien, waren ausschließlich Naturfasern bekannt, und fast jedes Ende, das auf einer Yacht in Gebrauch war, war von anderer Art. Nur die älteren Leser werden sich vielleicht noch erinnern, für welche Aufgaben das folgende Tauwerk gebraucht wurde: Netzgarn, Liekgarn, Segelgarn, Marlleine, Samson-Leine, weiße Leine (Lotleine), Schiemannsgarn, Bändselleine, weiße und geteerte Liekleinen und geteertes Stellingtau. Jede Pflanzenfaser hatte besondere Eigenschaften, und Hanf, geteerter Hanf, garngeteerter italienischer Hanf, Manila, Flachs, Baumwolle, Sisal und Kokosfaser – sie alle waren in den Preislisten der Schiffsausstatter aufgeführt. Auch ihre Bruchfestigkeit war annähernd berechnet, und zwar für das trockene Tauwerk, denn das Naturfasertauwerk büßte bei Nässe 30–40% seiner Festigkeit ein. Es wurde bereits erwähnt, daß die Bruchfestigkeit bei dem nicht saugfähigen synthetischen Tauwerk sich bei Nässe nicht verändert.

Von diesen vielen Typen des Naturfasertauwerks überlebten nur Sisal und Manila, und es ist interessant festzustellen, daß heute die Bruchfestigkeit geringer ist als 1884. Bessere Faserqualitäten bringen nämlich höhere Preise auf anderen Verwendungsgebieten wie in der Papierindustrie und der Hartfaserplattenherstellung.

Es gibt wenige Fachgeschäfte für Naturfasertauwerk. In Großbritan-

A   Fasern bilden ein Kabelgarn
    (rechtsherum)
B   Kabelgarne bilden ein Kardeel
    (linksherum)
C   Kardeele bilden eine Trosse
D   Trossen bilden ein Kabel (E)

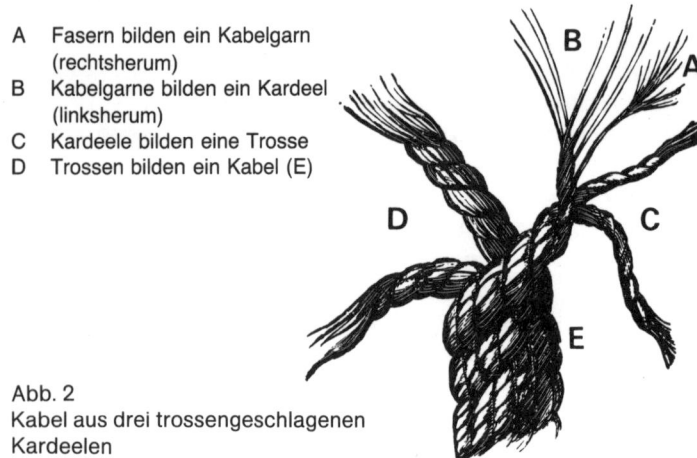

Abb. 2
Kabel aus drei trossengeschlagenen
Kardeelen

nien ist eine Adresse: Bridon Fibres and Plastics Ltd., Anchor and
Hope Lane, Charlton, London SE7 7SB. Bridon ist wohl die einzige
Seilerei, die sowohl Naturfasern als auch Kunstfasern verarbeitet.
Der grundsätzliche Unterschied zwischen Natur- und Kunstfasertau-
werk besteht darin, daß bei ersterem die Fasern zu Garnen gespon-
nen werden, die dann zu Kardeelen und schließlich zu Trossen

| **Naturfasern** | | | |
|---|---|---|---|
| Produkt | Circa-Durch-messer in mm | Länge in Meter | Gewicht |
| Reihbändsel | 4 | 55 | |
| Falleine | 6 | 55 | |
| Marlleine zweifach | Knäuel | | 1,0 kg |
| Schiemannsgarn zweifach | Knäuel | | 3,0 kg |
| Schiemannsgarn dreifach | Knäuel | | 3,0 kg |
| Bändselleine | 6 | 220 | 3,0 kg |
| Handlotleine | 10 | 55 | |
| Tieflotleine | 11 | 220 | |
| Segelgarn, dreifach | Stränge | | 0,250 kg |
| Liekgarn, fünffach | Stränge | | 0,250 kg |

geschlagen werden. Die Kunstfaser besteht aus endlosen Fäden, jedoch verarbeitet man sowohl Polyester als auch Polypropylene zu Fasern, die genauso wie die Naturfaser zu Garn versponnen werden. Dieses Tauwerk ist dann durch sein niedriges spezifisches Gewicht schwimmfähig. Tauwerk wird heute nach dem metrischen System klassifiziert. Die gebräuchlicheren Typen sind in der nebenstehenden Tabelle zusammengestellt.

Zum weiteren Verständnis erinnern wir uns, daß **Kabelgarn** aus mehreren Fasern rechtsherum zusammengedreht ist. Segelgarn oder dünne Schnur, ebenso wie eine **Marlleine** bestehen aus zwei, **Schiemannsgarn** aus zwei oder drei zusammengedrehten Kabelgarnen. Ein **Kardeel** besteht aus einer Anzahl Kabelgarne, die zusammengedreht sind. Die **Bändselleine** wird aus drei Kardeelen geteerten Hanfgarns als dünne, feste Leine zusammengedreht und nach Gewicht verkauft. **Lotleinen** sind weiße, keine Kinken bildende, spezielle Leinen. **Falleinen** und **Patentlogleinen** sind in Strängen aufgerollte, geflochtene Leinen.

**Trossengeschlagenes Tauwerk** ist gewöhnlich dreikardeelig, in der der Kardeeldrehung entgegengesetzten Richtung – gewöhnlich rechtsherum – geschlagenes Tauwerk.

**Kabelgeschlagenes Tauwerk** wird aus drei gewöhnlich rechtsherum geschlagenen Trossen in entgegengesetzter Richtung, also linksherum, geschlagen bzw. umgekehrt. Diese Herstellung bedeutet eine beträchtliche Elastizität. Kabelgeschlagenes Tauwerk kann für größte Belastungen eingesetzt werden, für die eine einfache Trosse einen viel zu großen Durchmesser haben müßte. Das »Schlagen« des Tauwerks ist die Drehung der Kardeele bei einem trossen- oder wantgeschlagenen Tauwerk bzw. der trossengeschlagenen Enden bei einem Kabel.

Beim **Kleeden** wird das Tauwerk entgegen dem Drehsinn mit dünner Schnur oder Kabelgarn umwickelt (Abb. 3), um es gegen Schäden durch Schamfilen zu schützen. Um das Arbeiten mit dem Kleedgarn zu erleichtern, benützt man eine Kleedkeule. Sie ist eine Art Holzhammer, dessen Kopf auf der dem Handgriff abgewandten Seite eine konkave Rinne hat. So kann das Kleedgarn dicht und gleichmäßig um das Ende gedrückt werden.

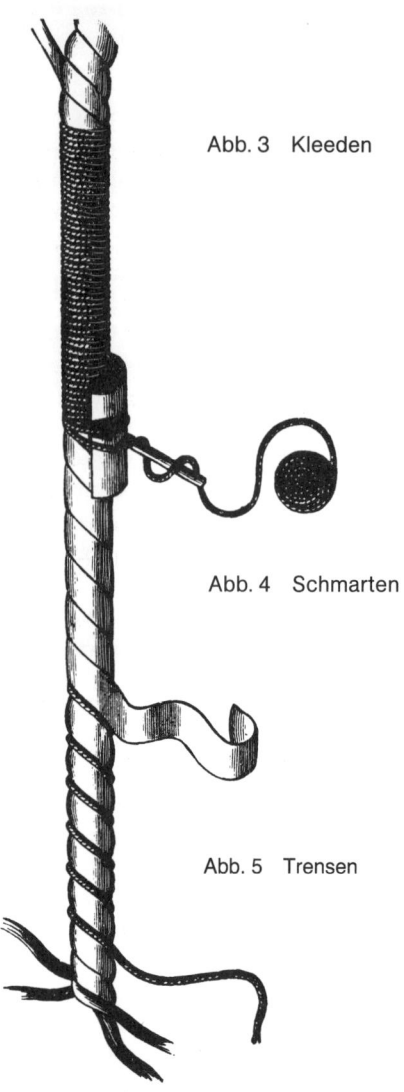

Abb. 3  Kleeden

Abb. 4  Schmarten

Abb. 5  Trensen

Beim **Schmarten** von Tauwerk werden gut geteerte schmale Leinwandstreifen um das Ende gewickelt (Abb. 4) zum Schutz gegen das
Eindringen von Regenwasser zwischen die Kardeele. Das Schmar-

18

ten erfolgt im Drehsinn des Tauwerks und zwar so, daß sich die Kanten der Leinwandstreifen überlappen.

Beim **Trensen** werden die Spalten zwischen den Kardeelen mit Trensinggarn ausgefüllt (Abb. 5), um das Ende rund und voll vor dem Kleeden oder Schmarten zu machen. Während wir entgegen dem Drehsinn kleeden, erfolgt das Trensen immer in der Drehrichtung des Tauwerks. Um sich dies zu merken, hilft vielleicht folgende Eselsbrücke: Trens' und smarte wie gedreht – umgekehrt legt man das Kleed.

Wichtig zu wissen ist, daß jedes Tauwerk durch groben oder feinen Sand leidet. Es sollte so oft wie möglich mit reinem Wasser – ohne Waschmittel – gesäubert werden. Naturfasertauwerk darf nicht feucht aufbewahrt werden, weil es sonst schimmelt. Kunstfasertauwerk verträgt Feuchtigkeit ohne Schaden, doch kann es durch längere Sonnenbestrahlung an Festigkeit einbüßen. Weder Natur- noch synthetisches Tauwerk sollte mittels künstlicher Hitze getrocknet werden.

Wenn man eine neue Rolle Tauwerk anfängt, sei man vorsichtig beim Öffnen derselben, weil sich sonst sofort Kinken und Schlingen bilden. Am besten steckt man eine entsprechend lange Stange durch die Mitte der Rolle und hängt sie so auf, daß die Enden nicht den Boden berühren. Das Ende kann dann von der Rolle abgewickelt werden. Sie dreht sich um die Stange, und alle Kinken und Vertörnungen werden vermieden. Geht das mit der Stange nicht, zieht man den inneren Tampen der Rolle zuerst heraus.

Tauwerk bleibt beim Gebrauch nur lehnig und kinkenfrei, wenn es aufgeschossen aufbewahrt wird. Rechtshändig geschlagenes Tauwerk muß im Uhrzeigersinn (Abb. 6), linkshändig geschlagenes entgegengesetzt aufgeschossen werden.

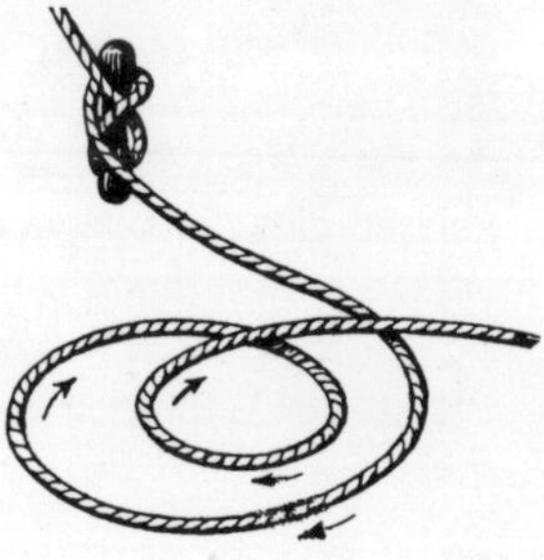

Abb. 6
Rechtshändig geschlagenes Tauwerk
wird im Uhrzeigersinn aufgeschossen

19

# Einfache Knoten und Steke

Fangen wir ganz von vorne an – und zwar mit einem einfachen Stück Tauwerk (wir sagen dafür von nun ab »Ende«). Auf die verschiedenen Parten eines Endes wird in diesem und in den folgenden Kapiteln noch oft Bezug genommen, so daß die Abb. 7 zunächst genügen soll, sie zu erklären.

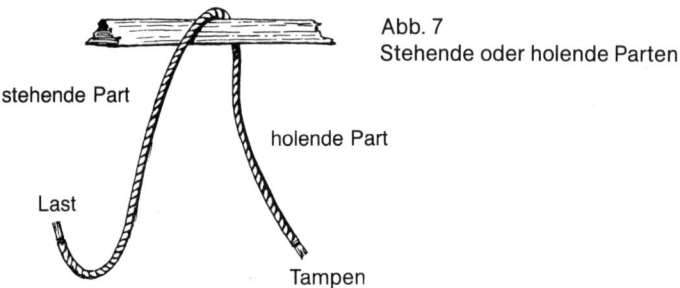

Abb. 7
Stehende oder holende Parten

stehende Part

holende Part

Last

Tampen

Vorab der Hinweis: Soll ein Ende festhalten, muß es, wenn es fest gebunden wird, gut angezogen werden. Die Kraft der Faserspannung ist in gewöhnlichem Tauwerk und einfacher Schnur beträchtlich. Alle, die mit Verpacken oder Verschnüren von Paketen zu tun haben, kennen dieses Nachgeben – oft eine Quelle des Ärgers –, vielfach verschlimmert durch schlecht geknüpfte Knoten, die rutschen oder sich lösen. In der Schiffahrt wird Tauwerk immer gut gereckt und seine Stärke vor Gebrauch geprüft, um jede Gefahr dieser Art zu vermeiden.

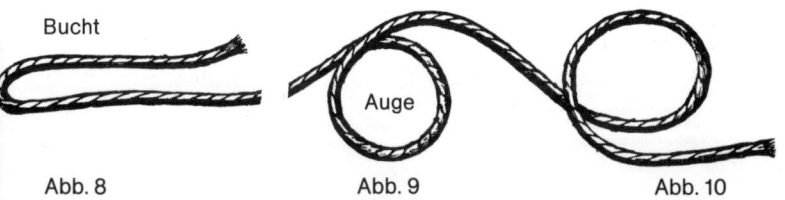

Bucht

Auge

Abb. 8                  Abb. 9                  Abb. 10

Mit einer »Bucht« oder einem »Auge« wird jeder Knoten begonnen; beide können einfach oder bei Bedarf auch doppelt sein.
Abb. 8 zeigt eine **Bucht,** Abb. 9 ein **Auge (unterhand)** und Abb. 10 ein **Auge (überhand).** Wird der freie Tampen nun durch ein Auge gesteckt, entsteht der einfachste aller Knoten, der **Einfache oder Überhandknoten** (Abb. 11 lose und Abb. 12 festgezogen). Der Zweck dieses Knotens ist, zu verhindern, daß ein Ende einer Leine oder Schnur irgendwo durchrutscht.

Einfacher Knoten            Achtknoten
         Überhandknoten

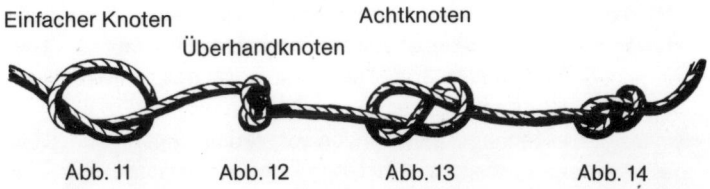

Abb. 11        Abb. 12        Abb. 13        Abb. 14

Der perfektere Einfache Knoten ist als **Achtknoten** bekannt. Er bildet sich, wenn man bei zwei sich überlappenden Überhand- und Unterhandknoten das freie Ende zurück durch das erste Auge führt (Abb. 13 und 14, lose und festgezogen). Seine Ähnlichkeit mit der arabischen Ziffer 8 hat ihm den Namen gegeben.
»Mehrfachknoten« sind, je nachdem wie oft der Tampen durch das Auge geführt wird, »Zweifach-, Dreifachknoten« usw. Einer davon ist zum Beispiel der Zimmermannsstek (Abb. 111). Mehrfachknoten werden immer dann verwendet, wenn man Tauwerk um einige Zentimeter verkürzen oder einen Stopperknoten (Abb. 201) vergrößern will, damit er nicht durch ein Auge oder einen Block rutscht. Man macht sie, indem man den Tampen zwei-, dreimal oder soviel man es braucht durch ein Auge steckt (wie bei einem einfachen Knoten),

Doppelknoten                                    Dreifachknoten

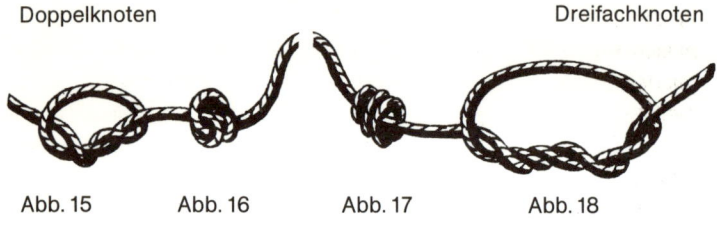

Abb. 15            Abb. 16            Abb. 17            Abb. 18

bevor man den Knoten durch Anziehen an beiden Enden bekneift oder festzieht.

Abb. 15 zeigt einen losen **Doppelknoten,** in Abb. 16 ist er zusammengezogen. In Abb. 17 sehen wir einen zugezogenen **Dreifachknoten,** während er in Abb. 18 noch offen ist. Zum Vergleich daneben in Abb. 19 der offene **Fünffachknoten,** in Abb. 20 festgezogen. Insbesondere die Fünf- und Sechsfachknoten ergeben eine Tauwerkrolle mit schön engliegenden Windungen und sind all jenen sehr nützlich, die entweder kein Stück teures Tauwerk abschneiden wollen oder denen lange, lose Tampen ein Greuel sind. Diese Mehrfachknoten werden manchmal **Blutknoten** oder auch »**Bullion**«-Knoten genannt. In einem der folgenden Kapitel finden wir Verkürzungen, die leichter gelöst werden können; nicht zu lange freie Tampen lassen sich aber schnell und wirksam mit zwei oder mehr Sechsfachknoten kürzen.

Von den einfachen Knoten führt ein kleiner Schritt leicht zu den Knoten, Schlingen und Laufknoten, die auch nicht ganz unwichtig oder nutzlos sind. Der einfache **Laufknoten oder Slipstek** entsteht, wenn man statt mit einem freien Tampen mit einer Bucht einen einfachen Knoten macht (Abb. 22). Dieser Knoten wird manchmal von Seglern gebraucht, und zwar um ein Segel mit Kabelgarnresten zum

Fünffachknoten

Abb. 19                                          Abb. 20

22

»Ausreißen« festzumachen. Sobald Zug auf den Knoten kommt, löst er sich. Auch in der Kadettenmesse war es der Knoten par excellence, mit dem das Fußteil einer Hängematte am Haken befestigt wurde. Er hielt den Zug noch aus, wenn der Hängemattenbesitzer sich zur Ruhe begab. Sobald er sich aber in sein Bettzeug wickelte, gab der Knoten nach und der Schläfer fand sich auf dem Fußboden wieder. Aus einer Reihe von Laufknoten besteht der Kettenstek oder die Kettenverkürzung, auf die wir später noch zu sprechen kommen.

Wenn auf das freie Ende eines Slipsteks ein einfacher Knoten (Abb. 24) gesetzt wird, gibt das eine der nützlichsten und leicht zu machenden Schlingen, wenn auch ihre Festigkeit nicht so groß ist wie die der Schlingen in Abb. 23 und 25.

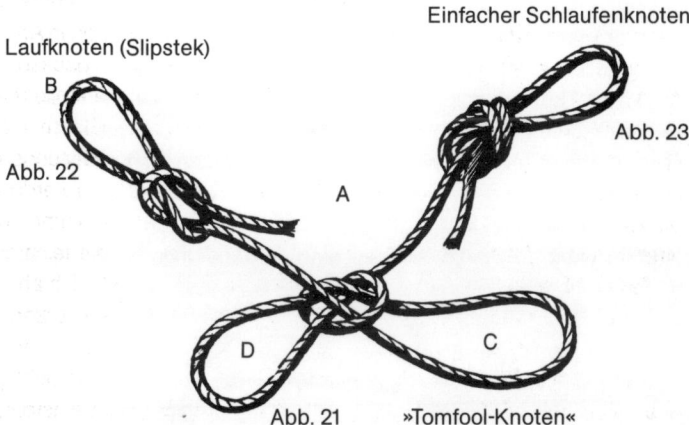

Einfacher Schlaufenknoten

Laufknoten (Slipstek)

B

Abb. 23

Abb. 22

A

D

C

Abb. 21     »Tomfool-Knoten«

Unter dem Namen **Tomfool-Knoten** (Abb. 21) hat der doppelte Laufknoten heute größere Berühmtheit als irgendein anderer Knoten der neuen Zeit. Man beginnt mit einem Laufknoten (Abb. 22), dann wird das feste Ende durch den offenen einfachen Knoten gesteckt, so daß sich eine doppelte Schlinge oder Bucht formt. Durch die offenen Buchten (C) und (D) steckt man die Hände oder besser Handgelenke einer Person. Dann wird festgezogen, und so ist ein Paar improvisierter Handschellen entstanden. Man braucht mehr als gewöhnliche Geschicklichkeit oder Kraft, um sich aus ihnen zu befreien. Festigkeit

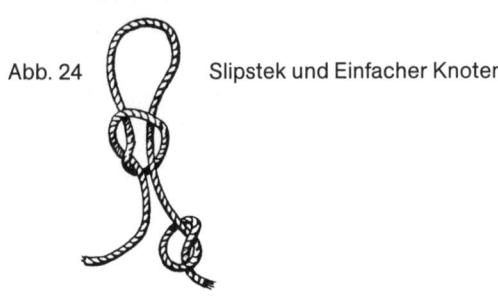

Abb. 24    Slipstek und Einfacher Knoten

und Sicherheit eines solchen Knotens hängen jedoch wesentlich davon ab, daß das verwendete Tauwerk vorher gut gereckt ist. Sonst kann sich jemand mit kleinen Händen aus diesen, aber auch aus anderen Knoten ohne Schwierigkeiten befreien.

Der gewöhnliche einfache Schlaufenknoten (Abb. 23) wird ähnlich wie der Freihandknoten (Abb. 63 und 64) gebunden. Er ist einer der meist gebrauchten Knoten im Alltag. Schöner, auch zugfester und für stärkeres Tauwerk geeignet, ist der mit einer Bucht wie ein Achtknoten gemachte **Flämische Knoten** (Abb. 25).

Dieser Knoten ebenso wie der in Abb. 23 lassen sich sehr schwer aufbinden, besonders wenn lange Zug darauf stand. Um das zu vermeiden, ist ein **Laufknoten** besser, vor den man einen zweiten Knoten (Abb. 26) setzt. Das ist eine Abwandlung des Englischen

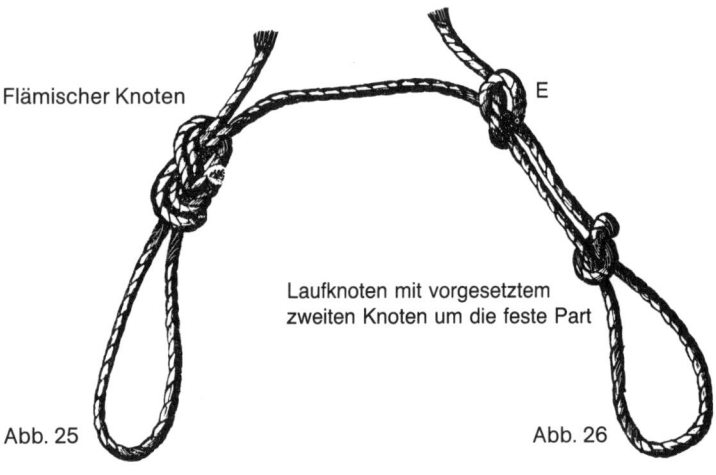

Flämischer Knoten

E

Laufknoten mit vorgesetztem
zweiten Knoten um die feste Part

Abb. 25                              Abb. 26

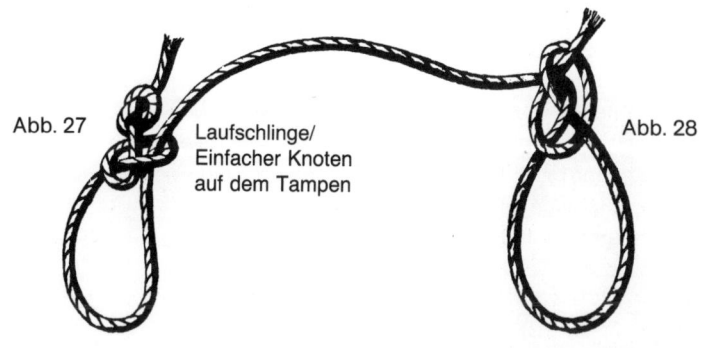

Abb. 27

Laufschlinge/
Einfacher Knoten
auf dem Tampen

Abb. 28

Gekreuzter Laufknoten

Knotens (Abb. 80/81), der für sehr brauchbar gehalten wird. Bei diesem Knoten wird der einfache Knoten bei (E) über die feste Part der Schlaufe geknotet. Nach Gebrauch läßt dieser sich leicht öffnen, indem man ihn zur Seite schiebt, der Slip wird aus der Bucht gezogen und der Knoten ist in kürzester Zeit aufgebunden.

Ein sehr verbreiteter und nützlicher Laufknoten ist die **Laufschlinge** (Abb. 27). Ein einfacher Laufknoten wird auf den Tampen einer Leine gesetzt und diese um die stehende Part geknotet. Der **Gekreuzte Laufknoten** (Abb. 28) ist nicht nur ein nützlicher Knoten zum Verpakken schwerer Güter, sondern auch zur Ankerhalterung geeignet. Der **Henkerknoten oder »Jack Ketch's Kragen«** ist nur eine Kombination eines einfachen Laufknotens mit einem Fünf- oder Sechsfachknoten; sein schrecklicher Zweck bedarf nicht mehr Erklärung als sein Name (Abb. 29).

Abb. 29   Henkerknoten

Ein **Halber Schlag** ist ein Knoten, dessen Parten sich bekneifen. Dazu formt man frei ein Auge oder legt es um etwas herum (Abb. 30). Er hat nur eine geringe Festigkeit durch die Reibung an dem Punkt, wo sich die Parten des Auges überkreuzen; gewöhnlich wird er in Verbindung mit anderen Knoten empfohlen. Wenn die lose Part eines halben Schlags zur stehenden Part zurückgebändselt wird, entsteht ein **beigebändselter Halber Schlag,** ein provisorischer Stek, der auch beträchtlichen Zug aushält (Abb. 31).

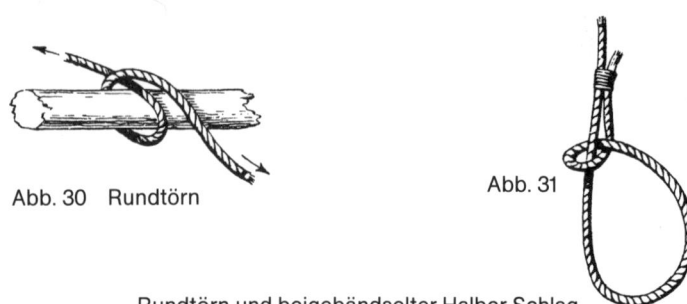

Abb. 30   Rundtörn

Abb. 31

Rundtörn und beigebändselter Halber Schlag

Die Abb. 32 und 33 zeigen die Verwendung eines halben Schlags, der um die stehende Part eines Endes gelegt wird und dann an seiner Part beigebändselt ist; so entsteht ein **Offener Laufknoten,** auch »Klinsch« genannt. Der **Midshipman's oder Kadettenstek** (Abb. 34) wird mit einem halben Schlag um die stehende Part begonnen, dem zwei kleine halbe Schläge mit dem Tampen in Richtung auf den ersten halben Schlag folgen. Dieser Stek ist Seglern und Fischern besser bekannt als **Topsegelschotstek.** Dieser Knoten wird nicht dem gleichen Zug standhalten wie der Palstek, aber er wird auch nicht von alleine aufgehen. Eben deswegen verwendet man ihn zur Befestigung einer Schot in der Schothornkausch des Topsegels.

Der **Echte Vorleinenknoten** – nicht zu verwechseln mit dem gebräuchlichen Palstek – entsteht, wenn man den Tampen eines Endes durch die Bucht eines Achtknotens führt, der sich an der stehenden Part befindet. Er wird, wie in Abb. 35 gezeigt, beigebändselt. Dieser Knoten sitzt sehr sicher.

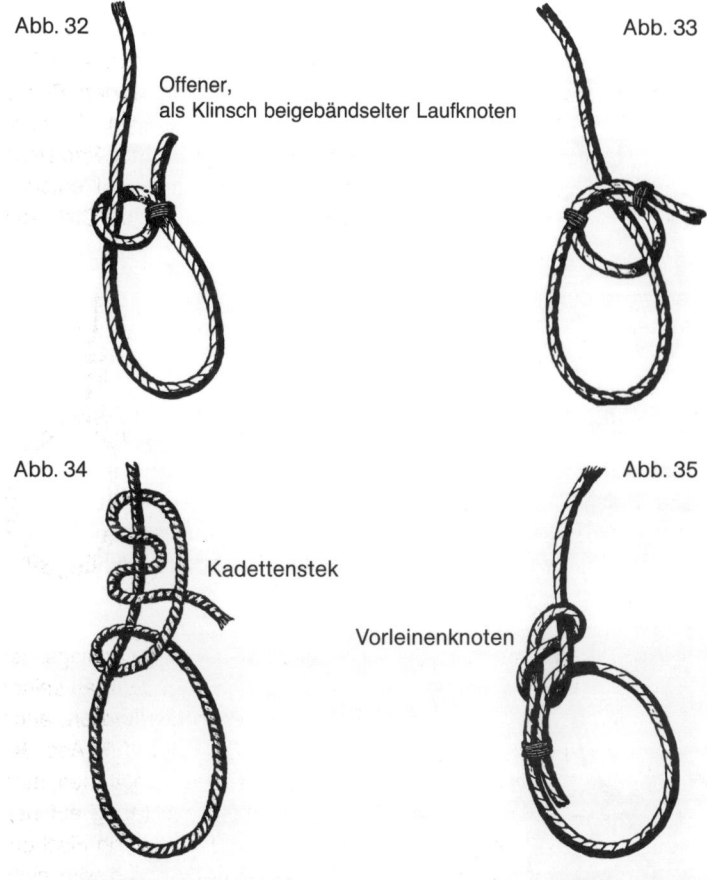

Abb. 32

Offener,
als Klinsch beigebändselter Laufknoten

Abb. 33

Abb. 34

Kadettenstek

Abb. 35

Vorleinenknoten

Der übliche oder **Einfache Palstek** (Abb. 36 a, b, c) ist des Seglers tägliches Brot, wenn ein festes Auge in das Tauwerk gemacht werden muß. Er wird gebraucht, wenn man einen Festmacher über einen Poller am Kai legen muß, um zwei Trossen miteinander zu verbinden; außerdem erfüllt er zahllose andere Zwecke. Er vermag sich nicht zusammenzuziehen und kann auch leicht wieder gelöst werden.

Abb. 36   Einfacher Palstek

a                  b                  c

Ein **Laufender Palstek** (Abb. 37) ist nichts weiter als ein gewöhnlicher Palstek, der über die stehende Part des Endes gelegt wird, um einen Laufknoten zu erhalten. In unserer Abbildung läuft der Palstek (B) über die stehende Part (A-A) und bildet damit den Laufknoten (C).

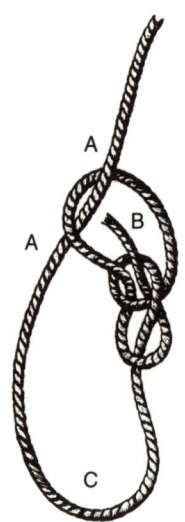

Abb. 37   Laufender Palstek

Der **Doppelte Palstek** (Abb. 38) sieht auf den ersten Blick ziemlich kompliziert aus, ist es aber nicht. Man legt sich den Tampen doppelt zu einer Bucht von ausreichender Länge und geht dann genauso vor wie beim einfachen Palstek. Anstatt aber wie beim einfachen Palstek mit dem Tampen hinter der Bucht der stehenden Part herumzufahren, zieht man die Bucht nach außen-unten, um dann sozusagen die »kleine Bucht über die große Bucht« zu ziehen (Abb. 38 a). Dichtgeholt sehen wir das Endergebnis in der Abb. 38 b. Dieser Stek, der sich nicht zuzieht, hat zwei Buchten. In die eine kann sich eine Person setzen, durch die andere kann sie ihren Arm zur besonderen Sicher-

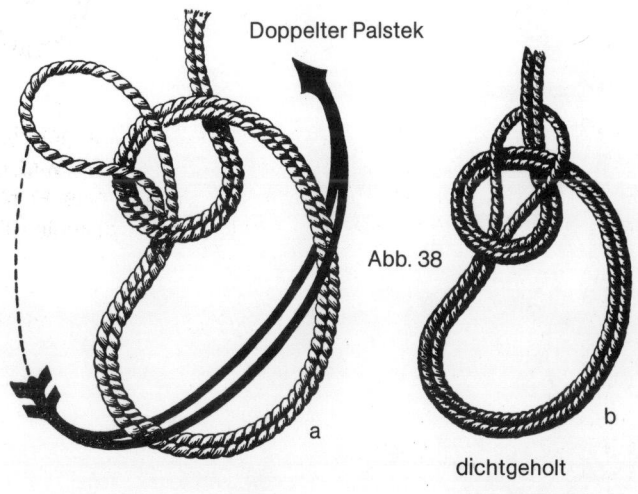

Doppelter Palstek

Abb. 38

a

b

dichtgeholt

heit stecken. Wenn kein Bootsmannstuhl zur Verfügung ist, kann man mit dem Doppelten Palstek einen Mann in den Mast schicken oder eine Klippe hinaufziehen usw. Der Stek läßt sich sehr vielseitig verwenden.

Als letzter der einfachen Knoten wird hier der **Manharness-Knoten** – auch »Geschirrstek« oder »Artilleriestek« genannt (Abb. 39) beschrieben. Er entspricht weitgehend dem Marlspiekerstek, wenn auch sein englischer Name daran erinnert, daß so Zug- oder Schleppseile für Menschen geknotet waren. Mit ihm kann man aber auch

schnell eine Schlinge in ein Ende anbringen, dessen Parten schon
festgemacht sind. Vier Schritte führen zu dem Knoten:
- Man macht ein nicht zu kleines Auge (a).
- Man legt die rechte Seite des Auges über die stehende Part (b).
- Mit der linken Seite des Auges taucht man zwischen stehender Part
  und rechter Seite des Auges durch (c).
- Schließlich holt man dicht (d).
Es ist darauf zu achten, daß beim Anziehen der Knoten nicht
überkippt und durchrutscht. Einmal dichtgeholt, ist es aber ein sehr
sicherer Knoten, der sich trotzdem wieder leicht lösen läßt.

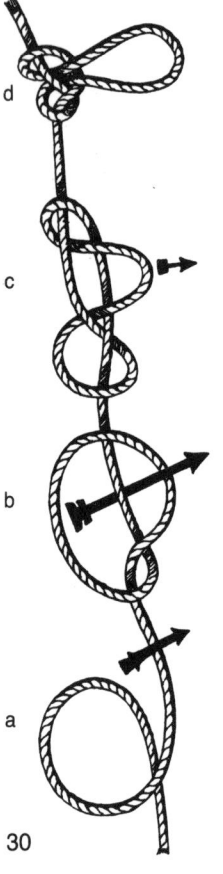

d

c

b

Abb. 39
Manharness- bzw. »Artillerieknoten«

a

# Verkürzungssteke

Die schönsten praktisch verwertbaren Knoten und jene, die symbolischen und Zierknoten in der Heraldik und Geschichte am nächsten kommen, sind Verkürzungssteke – Knoten, die Überlängen von Tauwerk verkürzen und verdichten, ohne freie Tampen zu lassen.

Der einfachste Verkürzungsstek für alle Arten von Tauwerk ist die allgemein bekannte **Einfache Platting oder Trommlerplatting,** vom Seemann **Kettenstek** genannt (Abb. 40). Er ist ganz leicht zu machen. Mit einem Laufknoten (Abb. 22) fängt es an, dann zieht man die lose Part durch das Auge und wiederholt das, bis die gewünschte Länge entstanden ist. Das Ende sichert man mit einem Stück Holz – einem Knebel – oder einem Belegnagel (Abb. 40) bzw. indem man den Tampen wie in Abb. 41 durch das Auge steckt.

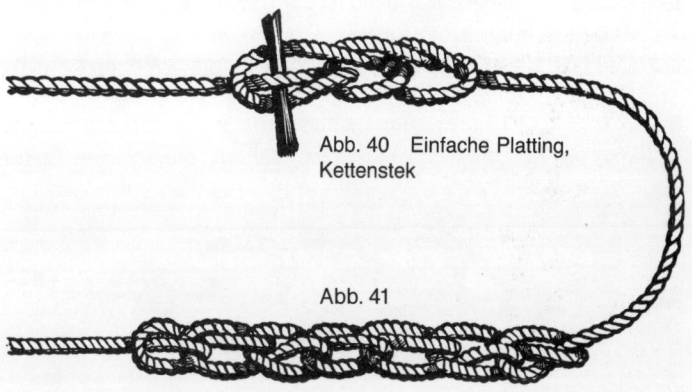

Abb. 40   Einfache Platting, Kettenstek

Abb. 41

31

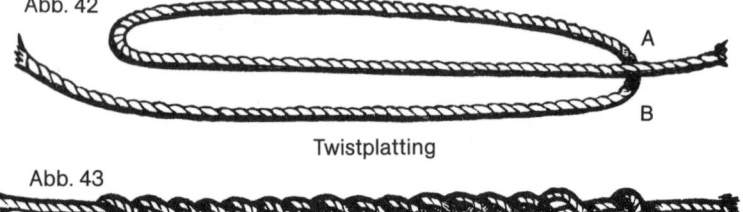

Abb. 42

A

B

Twistplatting

Abb. 43

Die **Twistplatting** (Abb. 42 und 43) ist keineswegs so gut bekannt, wie es ihrer Eignung zum Verkürzungsstek und ihrer Nützlichkeit für viele andere Zwecke entspricht. Genaugenommen stellt sie eine einfache Platting aus drei Garnen dar, wird aber aus einem einzigen Stück Tauwerk geflochten. Es hat Vorteile, wenn man sie aus separaten Garnen herstellt. Die Enden sind fest und können nicht wieder aufgehen. Man beginnt wie in Abb. 42: Die doppelte Bucht wird in der linken Hand gehalten, Seite A mit einer halben Drehung zu B gelegt und B hinübergekreuzt zu A. Diesen Flechtvorgang setzt man nun wie bei einem gewöhnlichen Platting fort, bis das Ende der Bucht erreicht ist. Der Tampen wird schließlich durch das letzte Auge geführt, befestigt und vervollständigt, wie in Abb. 43 gezeigt. Richtig ausgeführt, ergibt dieser Verkürzungsstek eine feste, straffe und kompakte Platting.

Eng verwandt mit diesen Steken ist der **Doppelte Kettenstek** (Abb. 44). Er ist eine hübsche, lockere Platting und ziemlich leicht herzustellen, wenn die erste Bucht, wie aus der Abbildung erkennbar, zunächst durch eine Drehung des Endes gesichert ist. Dann führt man den Tampen immer wieder rechts und links durch die vorausgefertigten Buchten, bis die Verkürzung fertig ist. Während die anderen Verkür-

Abb. 44                                    Doppelter Kettenstek

zungen nur bis zu einer begrenzten Länge geknüpft werden können, läßt sich diese in jeder beliebigen Länge weiterführen.

Der **Einfache, beigebändselte Verkürzungsstek** (Abb. 45) ist eine unkomplizierte, aber nützliche Ausführung einer Verkürzung für dikkes Tauwerk und hat den Vorteil, die Fasern nicht zu verletzen. Wie sie gemacht wird, ist aus der Abbildung klar zu ersehen.

Die **Knotenverkürzung** (Abb. 46) läßt sich sehr schnell in der Mitte eines Endes machen, indem man eine Doppelbucht (wie Abb. 45) mittels eines einfachen Knotens verknotet. Für schwere Belastungen ist er nicht geeignet. Er ist aber ausreichend sicher, wenn kein direkter Zug auf den Stek kommt wie beim Sichern von Ladungen und

Abb. 45   Einfacher, beigebändselter Verkürzungsstek

Abb. 46   Knotenverkürzung

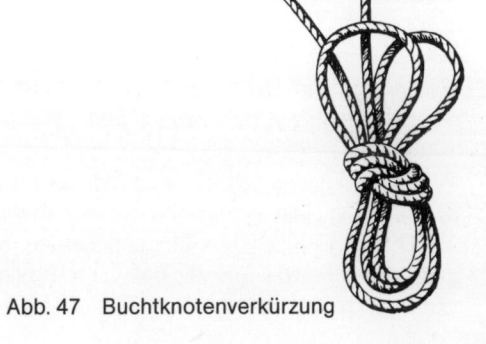

Abb. 47   Buchtknotenverkürzung

33

Verschnüren von Paketen. Auch für dickes Tauwerk ist er nicht geeignet, und anders als die Verkürzung in Abb. 45 kann er nur gebunden werden, wenn beide Tampen des Endes frei sind.

Eine unverkennbare Variante ist die **Buchtknotenverkürzung** (Abb. 47). Hier sind die Tampen, mit denen sie geknotet wird, zwei Buchten. Sie hat im übrigen den unsicheren Vorteil, wenn nötig leicht aufzugehen.

Abb. 48   Lange Trompete

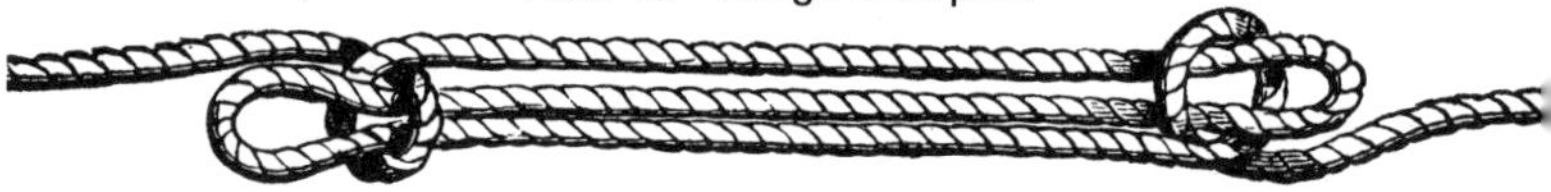

Wenn beide Tampen des zu kürzenden Tauwerks festgemacht sind, wählt man am besten die **Lange Trompete** als Verkürzungsstek (Abb. 48). Wie in Abb. 42 legt man die zu kürzende Länge zunächst in eine Doppelbucht. Dann wird über jedes Buchtende ein halber Schlag gelegt. Im allgemeinen reicht der Zug der stehenden Part aus, um ein Slippen zu verhindern. Wenn nicht, können entweder die Enden der Buchten beigebändselt werden oder man steckt Knebel durch die Buchten wie in Abb. 49. Es gibt noch zwei ganz ähnliche Verkürzungsteke: Catshank und Dogshank. Beim einen (Abb. 50) wird zunächst ein einfacher Laufknoten (Abb. 22) gemacht. Durch ihn steckt man eine Bucht und zieht den Knoten fest. Mit der anderen Seite verfährt man ebenso. Beim zweiten Verkürzungsstek (Abb. 51) wird zuerst durch einen noch losen einfachen Knoten der eine Tampen geführt. Dann wird der Verkürzungsstek auf die gewünschte Länge gelegt und das andere Ende ebenso mit einem einfachen Knoten befestigt.

Abb. 52 zeigt eine verbesserte Abwandlung vom »Hundebein«. Hier wird der Zug gleichmäßiger auf die drei Stränge verteilt. Erst legt man die Buchten wie in Abb. 42, dann werden mit halben Schlägen der beiden Tampen die Buchten gefaßt und schließlich die Tampen durch die kleinen Buchten an den Enden der Verkürzung geführt.

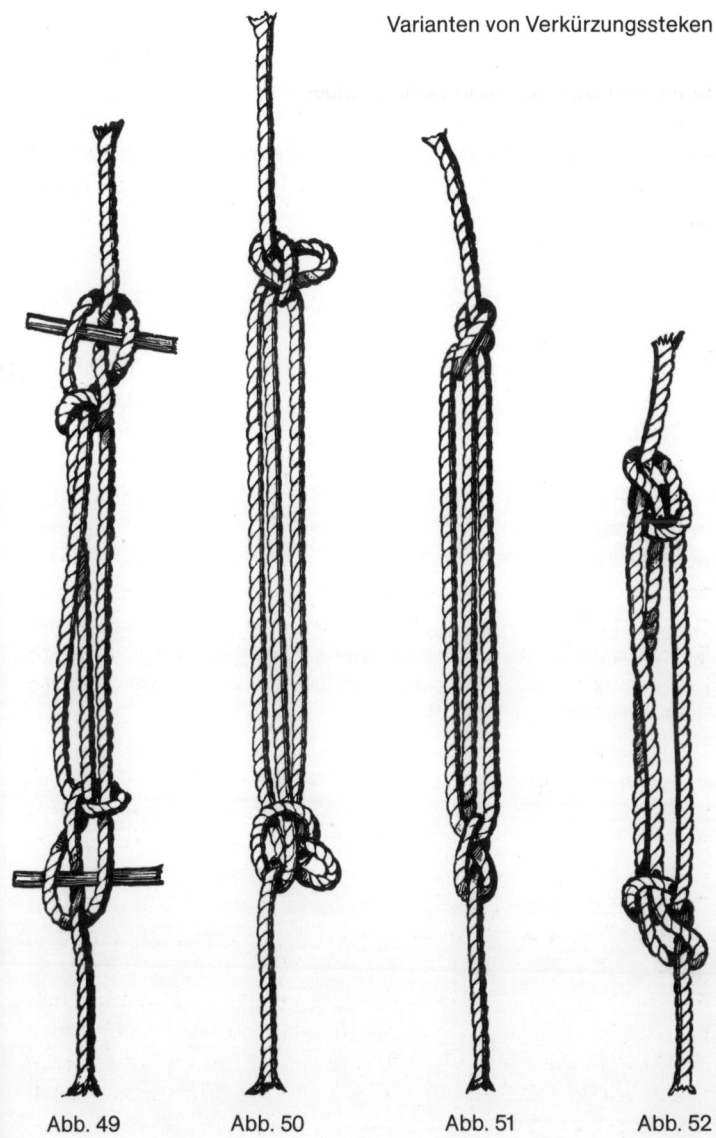

Abb. 49    Abb. 50    Abb. 51    Abb. 52

Abgesehen von ihrer Verwendung als Verkürzungen sind diese Steke von sehr großem Wert, wenn man ein schadhaftes Stück in einem Ende entlasten will und nicht genug Zeit ist, ein gesundes Ende einzuspleißen. Man macht dann eine lange Trompete wie in Abb. 53; dadurch wird die Belastung auf die beiden gesunden Enden A-A übertragen.

A

A

Abb. 53
Anwendung der Langen Trompete
bei schadhaftem Tauwerk

# Das Verknoten zweier Enden

Die gebräuchlichsten Knoten im täglichen Leben sind weder Stopper-steke noch Verkürzungen, sondern Steke zur Verbindung zweier Enden oder der beiden Tampen eines Endes.

»Kreuzt« man zwei einfache Buchten oder Augen wie in Abb. 54, entsteht der **Schifferknoten,** eine Variante des **Kreuzknotens** (Abb. 56), den wir noch einmal lose in Abb. 55 sehen. Die beiden Tampen liegen nahe beieinander und bilden einen flachen Knoten. Er ist mit der beste und auch einfachste Knoten, um zwei gleichstarke Enden zu verbinden, wie z. B. Reffbändsel oder Binden, und bietet sich dort an, wo zu dessen Haltbarkeit kein Zug auf dem Knoten stehen muß.

Schifferknoten/Kreuzknoten

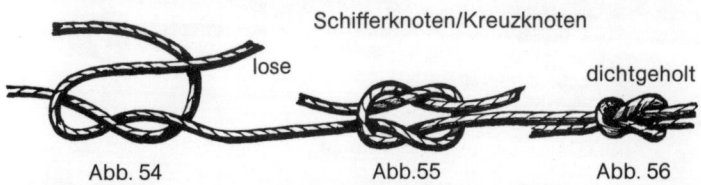

lose                                                    dichtgeholt

Abb. 54                    Abb.55                    Abb. 56

Bei verschieden starken Enden, besonders unter Zug, wird der Knoten slippen (Abb. 60) und aufgehen.

Der Kreuzknoten ist zwar immer sehr leicht zu lösen; um einen sicheren, aber noch leichter zu lösenden Kreuzknoten zu bekommen, knotet man den einen Tampen als Bucht in die Bucht des anderen. Das ist dann ein **Kreuzknoten mit Slipstek** oder **Einfacher Bucht-knoten** (Abb. 57). Macht man dasselbe mit Buchten beider Enden,

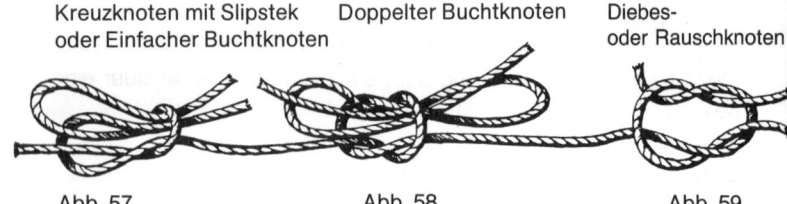

Kreuzknoten mit Slipstek oder Einfacher Buchtknoten

Doppelter Buchtknoten

Diebes- oder Rauschknoten

Abb. 57          Abb. 58          Abb. 59

erhält man einen **Doppelten Buchtknoten** oder das, was man im Alltag **Schuhband oder -schleife** nennt (Abb. 58). Sie hat fast dieselbe Festigkeit wie der einfache Kreuzknoten und kann im Moment gelöst werden. Beim **Altweiberknoten** (Abb. 61) kommen die Tampen nicht wie beim Kreuzknoten auf derselben Seite (oben bzw. unten) der Bucht mit ihrer stehenden Part heraus. In dickerem Tauwerk löst sich dieser Knoten bei Belastung, in dünnem Gut bekneift er sich so stark, daß er nicht mehr gelöst werden kann. Er sollte niemals verwendet werden. Vergleicht man die Abbildungen 55/

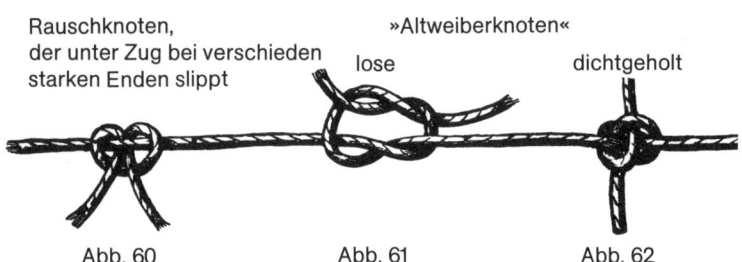

Rauschknoten, der unter Zug bei verschieden starken Enden slippt

»Altweiberknoten«

lose          dichtgeholt

Abb. 60          Abb. 61          Abb. 62

56 (Kreuzknoten) mit den Abbildungen 61/62 (Altweiberknoten), wird einem der Unterschied von der Klarheit und Festigkeit her deutlich. Der Kreuzknoten kann übrigens sowohl als Überhand- als auch als Unterhandknoten gebunden werden. Bei Enden unterschiedlicher Dicke sollten die Tampen wie in Abb. 62* beigebändselt werden.
Der **Diebesknoten** (Abb. 59) ist zwar auch platt wie der Kreuzknoten und bei Bedarf leicht zu lösen. Unter Zug rutscht er aber leicht und sollte ebenso wie der Altweiberknoten nicht verwendet werden.

Der **Freihandknoten** (Abb. 63) ist einer der am schnellsten zu knüpfenden Knoten überhaupt. Er geht nicht auf, slippt nicht und bleibt fest. Wenn großer Zug auf dem Ende steht, ist er aber eine bevorzugte Bruchstelle. Außerdem ist es ein dicker, plumper und auch wenig eleganter Knoten, ganz egal, ob links oder rechts gebunden. Abb. 63 zeigt ihn lose von vorne und Abb. 64 zusammengezogen von rückwärts.

Beibändseln zweier Enden                    Freihandknoten

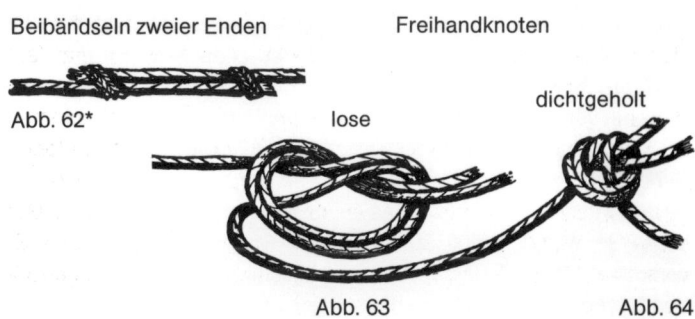

Abb. 62*                lose                                dichtgeholt

Abb. 63                          Abb. 64

Für dünne Schnur oder Bindfaden ist vielleicht der **Weberknoten** (Abb. 65–67) der beste Verbindungsstek. Für Garn ist er unvergleichbar der beste und am leichtesten zu knüpfen. Die beiden losen Enden werden rechts über links gelegt (Abb. 65). Mit dem Daumen und dem Zeigefinger der linken Hand hält man sie fest, legt von rechts (A) eine Bucht über das rechte lose Ende (Abb. 66), hält auch sie mit dem Daumen fest und steckt das linke freie Ende (B) durch. Beim Festziehen der rechten Bucht entsteht dann der Knoten (Abb. 67). Wird dickerer Bindfaden verwendet, muß das freie Ende (B) mit

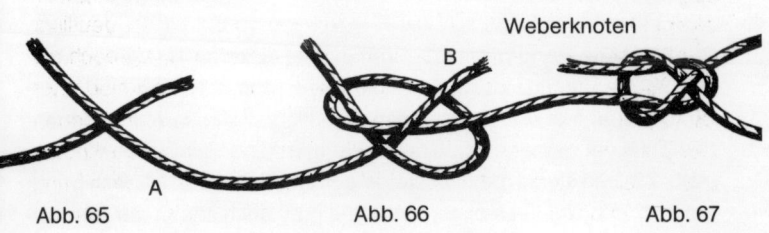

Weberknoten

B

A

Abb. 65                    Abb. 66                    Abb. 67

Abb. 68   Einfacher Schotstek

Daumen und Finger der linken Hand festgehalten werden, wenn man den Knoten zuzieht. Das Endprodukt sieht dann aus wie in Abb. 79. Der fertige Weberknoten ist genau der allen Seglern geläufige **Einfache Schotstek** (Abb. 68). Diesen Stek gebraucht der Seemann, um zwei verschieden starke Enden zu verbinden, ein Ende an einen Augspleiß zu stecken oder, wie in Abb. 69, eine Schot an einem Schothorn oder Sonnensegel zu befestigen. Im letzteren Fall beklemmt die holende Part das lose Ende an der Kausch oder dem Legel, in welchen der Stek gemacht wird. Um zwei Enden zu verbinden (Abb. 68), legt man zunächst in eins von beiden eine Bucht und führt dann den Tampen des anderen Endes von unten durch die Bucht, um ihre Parten hintenherum und steckt ihn zwischen Tampen und Bucht durch. Zur größeren Sicherheit kann das lose Ende gezeist oder beigebändselt werden. Fester ist der **Doppelte Schotstek** (Abb. 70), bei dem man mit dem Tampen noch einen weiteren Rundtörn um die Bucht legt. Der **Topsegelschotstek** (Abb. 71) hat genaugenommen nichts mit dem Schotstek zu tun, eher mit dem Kadettenstek (Abb. 34). Auch bei einem wild schlagenden Topsegel wird der Stek sich nicht lösen. Abb. 72 zeigt einen **Schotstek** mit einfachem Slip, bei dem man aus dem Tampen eine Bucht formt und mit ihr zwischen dem Ende und der Bucht des anderen Endes durchfährt. Dieser einfache Stek kann, auch wenn erheblicher Zug darauf steht, jederzeit gelöst werden.

Der **Einfache Handknoten** zur Verbindung dickeren Tauwerks (Abb. 74) hat die Vorzüge des Freihandknotens (Abb. 63). Er ist leicht zu knoten, sehr fest *und* überbeansprucht nicht die Fasern, aus denen das Tauwerk gemacht ist. Erst macht man einen einfachen Knoten (Abb. 73) und steckt dann das andere Ende wie in Abb. 74 gezeigt mit an. Abb. 75 zeigt ihn festgezogen. Wie groß auch immer der Zug auf

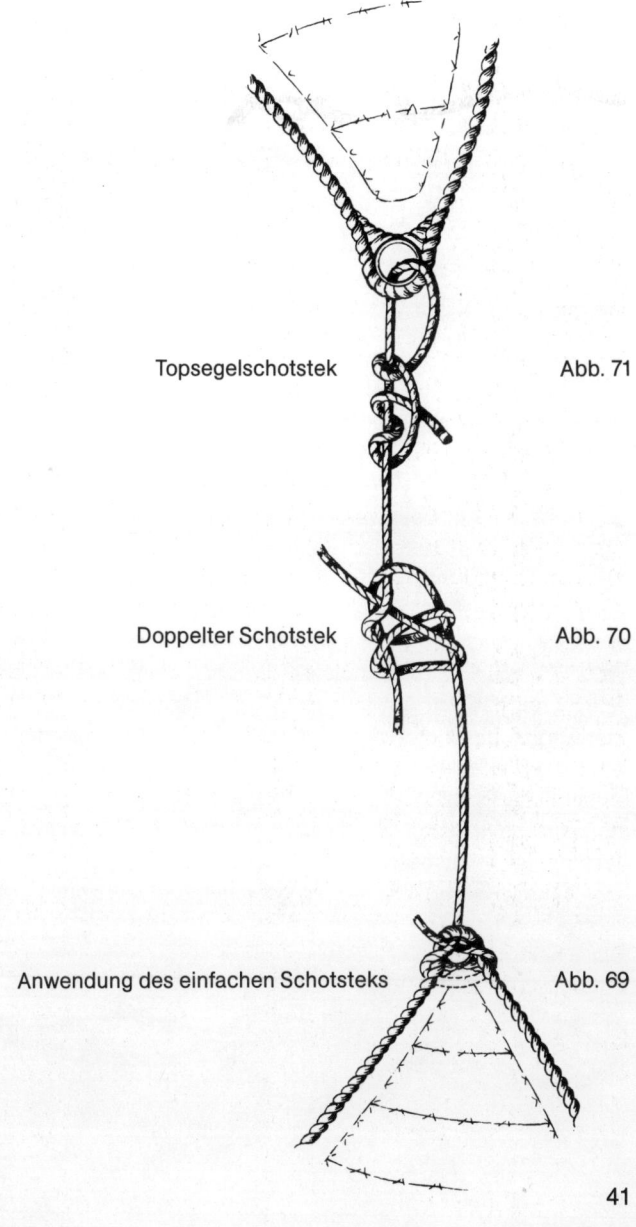

Topsegelschotstek                                                        Abb. 71

Doppelter Schotstek                                                 Abb. 70

Anwendung des einfachen Schotsteks            Abb. 69

Abb. 72　Schotstek

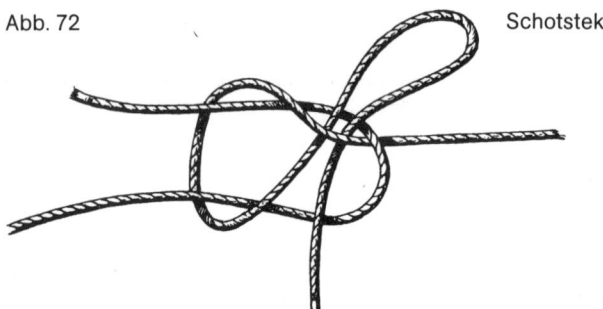

diesen Knoten ist, er schadet nicht dem Tauwerk, denn er verläuft geradlinig durch den Knoten, was bei dem Offenen Handknoten nicht der Fall ist. Er wird auch Wasserknoten genannt.

Der **Achtknoten** ist in gewissem Sinne eine Art Verkürzungsstek. Er ist auch in Gebrauch, wenn zwei Enden verbunden werden sollen, wo zuviel Tauwerk ist oder wenn man einen großen Knoten braucht, um das Ausrauschen durch ein Auge, einen Ring oder eine Kausch zu verhindern. Man macht einen Achtknoten in den Tampen eines Endes (Abb. 76) und schiebt dann den Tampen des anderen Endes hindurch (Abb. 77). Festgezogen sieht der Knoten wie in Abb. 78 gezeigt aus. Abb. 79 zeigt einen Schotstek (Weberknoten); wie er zustande kommt, ist aus den Abbildungen 65–68 ersichtlich.

Der **Englische Knoten** oder **Fischerstek** ist anders. Man macht zwei einfache Knoten wie in Abb. 73 über die zwei Tampen (Abb. 80) und erhält beim Festziehen den Knoten, wie ihn Abb. 81 zeigt. Einfach herzustellen, sehr nützlich für vorübergehenden Gebrauch, trotzdem fest und leicht zu lösen.

Der **Trossenstek** (Abb. 82) ist geeignet zum Verbinden von zwei

Einfacher Knoten　　Handknoten　　　　　　　　　　　fest
　　　　　　　　　　zweites Ende zugeschoben

Abb. 73　　　　　　　　　Abb. 74　　　　　　　　Abb. 75

42

dicken Leinen oder Trossen (auch verschiedener Größe). Der festgezogene Knoten hat die Form einer Acht und kann noch recht gut um eine Winschtrommel genommen werden. Zur größeren Sicherheit sollten die Tampen beigebändselt werden.

Der **Palstek-Stek** (Abb. 83) als stärkster aller Trossensteke wird aus zwei Palsteken gemacht, wobei der Tampen des einen durch das Auge des andern geführt wird. Aus der Abbildung ist genau ersichtlich, wie er gemacht werden muß.

Schließlich lassen sich zwei Trossen, die nicht um ein Ankerspill oder eine Winsch geführt werden müssen, auf einfachste Weise mit halben Schlägen verbinden, deren lose Enden beigebändselt werden – ein **Trossenstek** (Abb. 84).

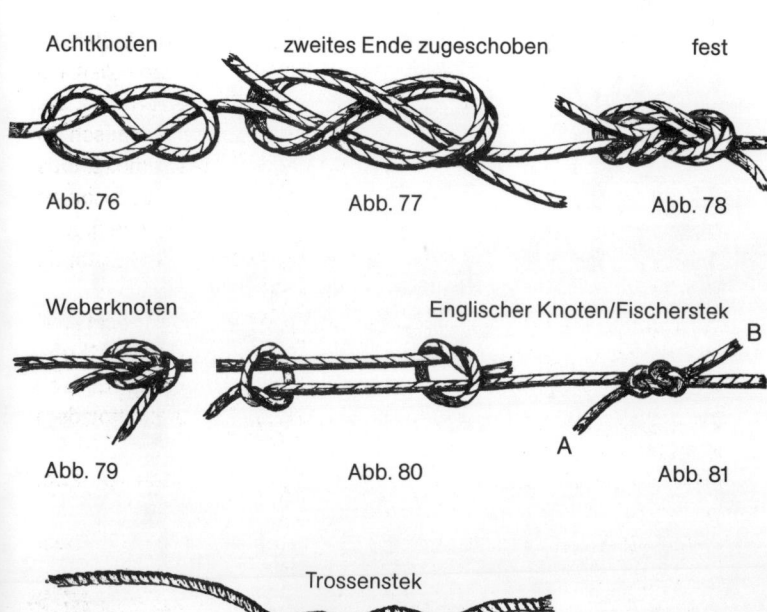

Achtknoten    zweites Ende zugeschoben    fest

Abb. 76         Abb. 77              Abb. 78

Weberknoten                Englischer Knoten/Fischerstek
                                                        B

Abb. 79         Abb. 80              A
                                          Abb. 81

Trossenstek

Abb. 82

Abb. 83　　　Trossenstek aus zwei Palsteken　　　Abb. 84

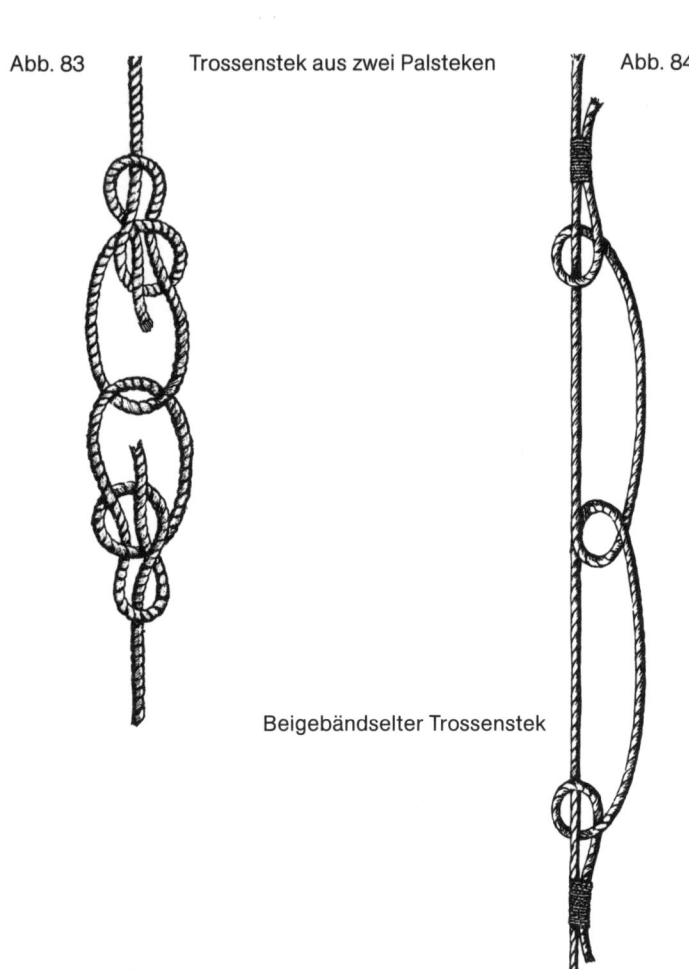

Beigebändselter Trossenstek

In diesem Kapitel wurden fast alle Steke abgehandelt, die gemeinhin zwei Enden mit einfachen Tampen verbinden. Es gibt andere Knoten, die man dann gebraucht, wenn in dem Tampen ein Auge eingespleißt ist. Auf sie kommen wir in einem der nächsten Kapitel zu sprechen.

44

# Spleißen von Naturfasertauwerk

Manchmal müssen Trossen, Kabel und auch dünnes Tauwerk so verbunden werden, daß der Durchmesser gleich bleibt und doch keine wesentliche Schwächung erfolgt. Ebenso wird immer wieder auch ein dauerhaftes Auge oder eine Kausch im Tampen gebraucht. Das erreicht man nur durch Spleißen.

Das Prinzip der Spleißarbeit ist folgendes: Die Kardeele der losen Part werden so durch diejenigen der stehenden Part geflochten, daß – sobald Zug darauf steht – die Kardeele der stehenden Part die anderen so bekneifen, daß sie nicht herausgezogen werden. Bei Hanf- und anderem Fasertauwerk werden die Kardeele der losen Part – die Einsteckkardeele – immer mit dem Schlag der stehenden Part »verwoben«. Bei einem Spleiß wird die Festigkeit des Originaltauwerks um etwa ein Achtel vermindert.

Der einfache **Kurzspleiß** kommt nur dann in Betracht, wenn nicht viel Kraft auf das Tauwerk kommt und keine Zeit für einen – wesentlich besseren – Langspleiß da ist. Man dreht beide Tampen etwa drei bis fünf Törns auf (Abb. 85) und steckt sie so zusammen (Abb. 86), daß ein Kardeel des einen Tampens immer zwischen zwei Kardeelen des anderen liegt. Man schiebt die beiden Tampen so dicht zusammen, wie man kann und hält mit der linken Hand ein Kardeel der einen Part und die drei Kardeele der anderen Part fest. Ist das Tauwerk sehr dick, wird es mit Kabelgarn zusammengebunden. Es erleichtert die Arbeit, wenn man an der Stelle, bis zu der man die Tampen aufgedreht hat, einen Behelfstakling setzt. Dann hebt man mit dem Marlspieker ein Kardeel des linken Tampens an und schiebt das

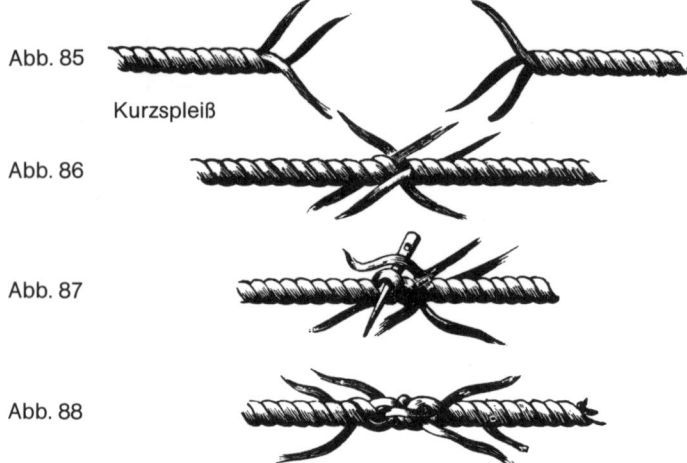

Abb. 85

Kurzspleiß

Abb. 86

Abb. 87

Abb. 88

Mittelkardeel des anderen Endes durch. Macht man das abwechselnd weiter, entsteht ein Spleiß wie in Abb. 88. Das muß wie folgt geschehen: Erstes Kardeel *über* dem ersten ihm benachbarten, dann *unter* dem zweiten Kardeel durchstecken und zwischen dem zweiten und dritten herausziehen. Dann müssen die Kardeele wieder *über* das dritte und *unter* dem vierten durchgeführt werden. Wenn alle Kardeele eines Tampens einmal rundherum durchgesteckt sind, wird das Ganze noch ein zweitesmal gemacht und dann der Spleiß gut gestreckt und auf dem Boden glattgerollt. Zum Abschluß setzt man auf jeder Seite einen Takling direkt neben dem Spleiß auf und schneidet die heraustehenden Kardeele dicht daneben ab. Das genügt bei einer dickeren Trosse. Bei dünnerem Tauwerk können die Kardeele noch einmal rundherum, und zwar zuerst halbiert und dann noch einmal geviertelt durchgesteckt werden. Dadurch kann der Spleiß sauber betakelt werden. Dann wird er zurechtgeformt, getrenst, geschmartet und bekleedet. Vorstehendes gilt sowohl für dreikardeeliges als auch für vierkardeeliges Tauwerk.

Ein **Langspleiß** (Abb. 89) ist überall dort sehr nützlich, wo mit Tauwerk gearbeitet wird. Tauwerk mit einem Langspleiß läßt sich gut scheren und läuft auch störungsfrei durch einen Block, wie neues

46

Langspleiß                          Abb. 89

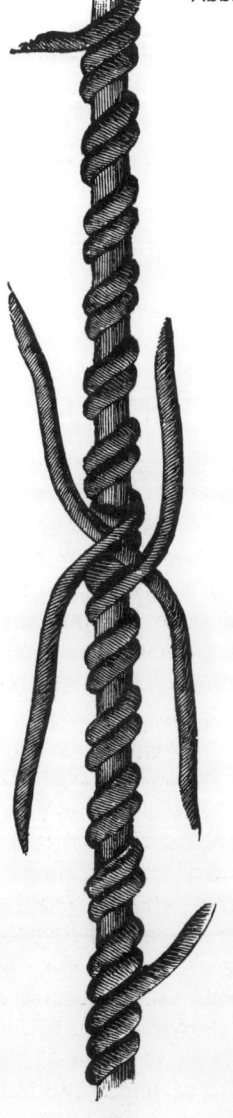

Tauwerk. Es ist auch fast genauso fest. Durch einen gut ausgeführten Langspleiß wird das Tauwerk nicht dicker. Ja, ohne genaue Kontrolle läßt sich kaum die Spleißstelle feststellen.

Für einen Langspleiß werden für je 2,5 cm Umfang bei dreikardeeligem Tauwerk 30 cm, bei vierkardeeligem 45 cm allmählich aufgedreht. Besondere Sorgfalt muß darauf verwendet werden, nicht die ursprüngliche Drehung der Kardeele, den Schlag, zu zerstören. Die beiden Tampen werden eng zueinandergebracht, dann wird ein Kardeel ein ziemliches Stück herausgenommen (aufgeschlagen) und die »Mulde« mit dem entsprechenden Kardeel des anderen Tampens ausgelegt. Man setzt dieses sich ausgleichende Aufheben und Einlegen fort, bis nur noch wenige Zentimeter der Kardeele übrig sind. Nun dreht man das Ende um und wiederholt den Vorgang mit einem anderen Paar sich gegenüberstehender Kardeele, und zwar diesmal vom Berührungspunkt der beiden Tampen weg in die andere Richtung. Bei dreikardeeligem Tauwerk wird nun an der Berührungsstelle beider Tampen das dritte Kardeelpaar um ein Drittel verjüngt und dann mit einem Überhandknoten im Drehsinn des Tauwerks eng zusammengeknotet. Mit den anderen Kardeelen verfährt man in gleicher Weise. Man reduziert ihre Dicke um ein Drittel und steckt den Rest unter die nächstliegende Kardeele der stehenden Part. Der Spleiß ist nun fertig. Er wird gut gereckt, durch Rollen auf dem Boden geformt, und schließlich werden die freien Enden der Kardeele dicht am Spleißkörper abgeschnitten.

Beim wantgeschlagenen Tauwerk ist der Arbeitsvorgang genau der gleiche wie oben, nur mit vier Kardeelpaaren. Die Verbindungsstellen der Kardeelpaare müssen gut auseinandergehalten werden, sogar mit Abstand, um den Spleiß nicht zu schwächen.

Ein schamfiltes Kardeel ist nicht nur häßlich, sondern verringert zusätzlich die Festigkeit des Tauwerks erheblich, wenn auch die zwei oder drei anderen Kardeele noch gesund sind. Man kann jedoch mit einem Kardeel gleichen Umfangs aus neuem Tauwerk das schamfilte Stück ersetzen: Man legt es in die Keep des entfernten Kardeels wie bei einem Langspleiß, verdünnt es am Ende um ein Drittel und steckt den Rest unter das nächste stehende Kardeel, drösselt noch einmal ein Drittel heraus und steckt wiederum den Rest unter das nächste

Cutspleiß/Buchtspleiß

Abb. 90

stehende Kardeel. Damit ist die Reparatur beendet. Ist das ausgebesserte Teil dicker als das übrige Tauwerk, nennt man es einen »Fenderspleiß«. Man sollte ihn nur in Notfällen benützen.

Mit einem **Cutspleiß,** auch **Buchtspleiß** genannt (Abb. 90), kann man eine haltbare Bucht an die Mitte eines Endes spleißen. Bei einem in entsprechender Größe abgeschnittenen Tampen eines Endes werden beide Enden wie beim Kurzspleiß (Abb. 85–88) aufgedreht. In der gewünschten Größe des Auges werden beide Enden aneinandergelegt und die Kardeele des kurzen Endes zwischen die Kardeele der stehenden Part geflochten. Mit einem Buchtspleiß kann man Wanten an einem Masttopp oder Signalmast befestigen.

Ein **Augspleiß** (Abb. 91) benützt man, um Tauwerk um eine Kausch oder einen Block zu befestigen. Man dreht den Tampen des Tau-

Augspleiß                                                        Abb. 91

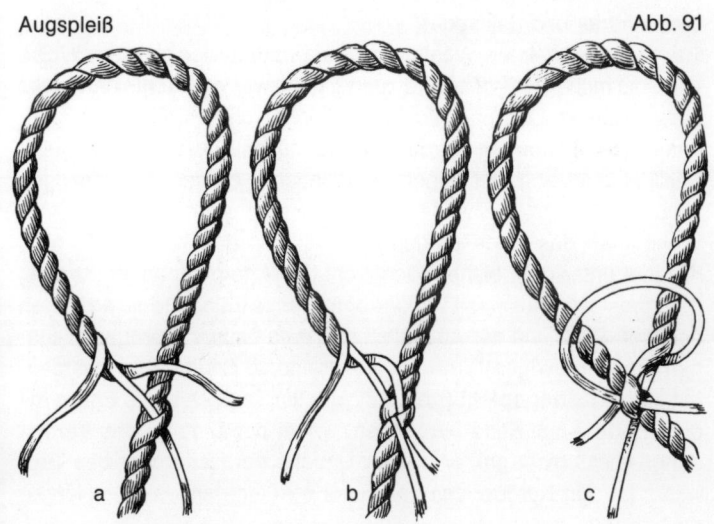

a                              b                              c

49

werks auf eine kurze Strecke auf und verspleißt dann die drei Kardeele an der Stelle der stehenden Part, die die gewünschte Größe des Auges ergibt. Hier wird das mittlere freie Kardeel von rechts nach links unter dem obersten Kardeel der stehenden Part durchgesteckt (Abb. 91 a) und dann das linke freie Kardeel über das oberste stehende Kardeel genommen und unter dem nächsten linken Kardeel durchgesteckt (Abb. 91 b). Das Ende muß danach umgewendet werden, um das noch freie Kardeel nach oben zu bringen. Es wird dann von rechts nach links (Abb. 91 c) unter dem noch nicht aufgenommenen Kardeel hindurchgesteckt. Hat man beim Auflegen die Drehung in den freien Kardeelen beachtet, macht es gar keine Schwierigkeiten, den dritten Strang an seinen Platz zu bringen. Das Ganze wird nun wiederholt, wobei die freien Kardeele von rechts nach links über das nächste stehende Kardeel und unter dem benachbarten durchgesteckt werden. Um den Augspleiß sauber zu beenden, wird jedes freie Kardeel um ein Drittel verjüngt und noch einmal um ein Drittel beim vierten Durchstecken. Danach rollt man den Spleiß zwischen den Händen oder mit dem Fuß auf Deck, um alle Kardeele in die richtige Lage zu bringen. Die herausstehenden Enden werden dicht am Spleiß abgeschnitten, und schließlich wird er noch getrenst, geschmartet und gekleedet.

Beim vierkardeeligen Wantschlag geht man in der gleichen Weise vor. Das mittlere Kardeel wird zuerst, und zwar von rechts nach links durchgesteckt. Das nächste Kardeel links von ihm muß dann aber unter zwei stehenden Kardeelen, das nächste lose äußerste linke Kardeel wieder unter einem stehenden Kardeel durchgezogen werden.

Wenn man das Ende umgedreht hat, wird das verbliebene freie Kardeel unter dem bisher noch nicht benützten stehenden Kardeel durchgesteckt. Auf diese Weise kommt jedes freie Kardeel an seinen richtigen Platz und der Augspleiß kann wie beim trossengeschlagenen (dreikardeeligen) Tauwerk weiter und zu Ende geführt werden.

Mit einem **Kettenspleiß** (Abb. 92) wird ein Tampen eines Endes mit dem Ende einer Kette verbunden, wobei der Umfang des Verbindungsstücks nicht größer als der Umfang der Kette oder des Tauwerks ist. Ein Kardeel des Tauwerks wird ein ganzes Stück länger

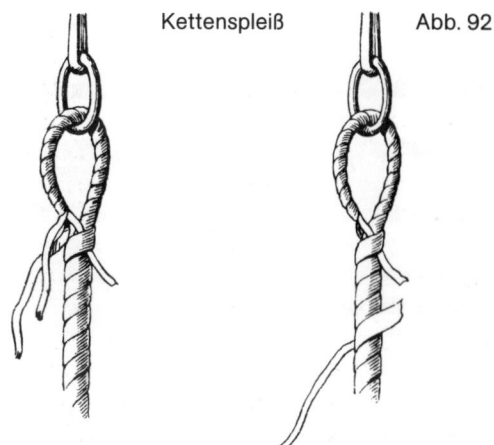

Kettenspleiß                    Abb. 92

freigelegt, als man es für das Auge braucht. Mit den zwei anderen bildet man ein Auge durch das letzte Glied der Kette. Eines der beiden durch das Kettenglied gesteckten Kardeele wird dann zwischen zwei Kardeele eingelegt, um den Hals des Auges zu bilden, und das andere wie beim Langspleiß (Abb. 89) in die Keep, die durch das Aufnehmen der ersten langen Kardeele entstanden ist. Nun werden die beiden Kardeele mit einem Überhandknoten zusammengeknotet. Dann verjüngt man durch Wegnehmen von Garn die Kardeele und legt sie wie beim Langspleiß ein. Das am Auge übriggebliebene dritte Kardeel wird dort drei- bis viermal durchgesteckt und dabei ebenfalls durch Wegnehmen von Garn um ein Drittel verjüngt. Der fertige Spleiß wird gut gerollt, gereckt und dann bekleedet.

Manchmal muß man drei- und vierkardeeliges Tauwerk miteinander verspleißen. Für einen Kurzspleiß dreht man beide Tampen für das notwendige Stück auf und teilt dann ein Kardeel des wantgeschlagenen Tauwerks in gleichen Teilen auf die anderen drei Kardeele auf, so daß man dadurch einen dreikardeeligen Tampen erhält, mit dem man einen dreikardeeligen Kurzspleiß fertigt. Wenn man einen Langspleiß machen will, arbeitet man mit drei Kardeelpaaren wie vorher erklärt und steckt das vierte ins Innere des Tauwerks.

Abb. 93    Wantknoten

Der **Wantknoten** (Abb. 93) ist eine weitere Möglichkeit, zwei Enden zu verbinden. Die Tampen der beiden Enden werden aufgedreht wie für einen Kurzspleiß (Abb. 85–88) und die Kardeele wie gefaltete Finger miteinander verbunden.

Dann werden die Kardeele des unteren Endes in einem Steg (s. Abb. 190/191), um die stehende Part des oberen Endes und gegen ihre Drehrichtung geschlagen. Mit den Kardeelen des oberen Endes wird das am unteren Ende wiederholt. Die entstandenen Schauermannsknoten werden dichtgeholt, verjüngt, zur stehenden Part hin gemarlt und bekleedet.

Beim Knoten eines **Französischen Wantknotens,** der gefälliger als der einfache ist, geht man wie folgt vor: Man bringt die Kardeele wie bei einem Kurzspleiß zusammen und läßt sie ineinandergreifen wie in Abb. 94. D. h. man beginnt mit einer Bucht (A), führt Kardeel (B) hindurch wie bei (C) gezeigt. Dann macht man eine Bucht mit Kardeel

Französischer Wantknoten

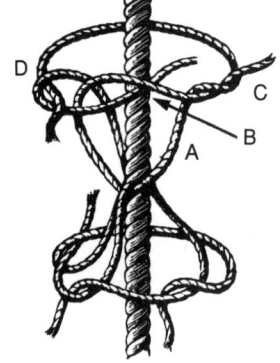

Abb. 94            Abb. 95            Abb. 96

(D) und führt das Ende von (D) durch die Bucht von Kardeel (B). Damit ist eine Seite fertig. Man muß darauf achten, daß alle Tampen durch Buchten oder Augen geführt werden, denn dadurch entsteht der »Steg«. Nun wiederholt man das Ganze mit den drei Kardeelen des anderen Endes und zieht die herausstehenden Enden fest. Dann sieht der Knoten wie in Abb. 95 aus. Die Enden der Kardeele müssen daraufhin auf beiden Seiten verjüngt, versteckt und bekleedet werden. Das Ergebnis zeigt Abb. 96. Wantknoten sind die schnellste, sauberste und rationellste Art, gebrochenes Tauwerk zu reparieren, allerdings nur, wenn es später nicht durch einen Block laufen soll.

Auch ein **Grummet** (Abb. 97) ist eine Spleißform und dazu noch mit unzähligen Verwendungsmöglichkeiten – von der Schamfilunterlage bis zu Deckswurfringen. Um ein Grummet zu machen, nimmt man ein einzelnes Kardeel, das dreieinhalbmal so lang sein soll wie der Umfang des späteren Grummets. Man achte besonders darauf, daß die vorhandenen Windungen erhalten bleiben. Von der Mitte des Kardeels ausgehend, formt man einen Ring von der Größe des gewünschten Grummet. Die Kardeelenden werden nun in gegenläufiger Richtung zusammengedreht, immer der Drehrichtung des Kardeels folgend, bis alle »Vertiefungen« gefüllt sind. Danach werden die beiden Tampen mit einem straffen Überhandknoten in der Lage des Grummet verbunden. Das Ganze wird wie bei einem gewöhnlichen Langspleiß beendet.

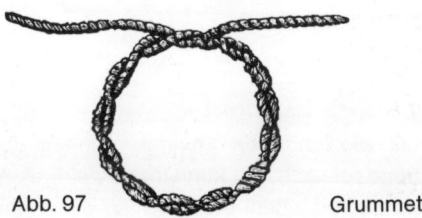

Abb. 97                    Grummet

# Weitere Möglichkeiten, Enden zu verbinden

Auf See oder an Land müssen immer wieder einmal Enden, ob bei gutem oder Dreckswetter, in der Mitte oder an Augen und anderen Schlingen mit ihren Tampen angesteckt werden. Der gebräuchlichste Stek für diesen Zweck ist ohne Zweifel der Schotstek (Abb. 68). Ein **Laufender Knoten** an einem Augspleiß eines Endes – besser bezeichnet als **Slipstek** – ist allerdings einfacher zu machen (Abb. 98). Andere Möglichkeiten, den Tampen eines einzelnen Endes an

Abb. 98

Slipstek an einem Augspleiß

einem Ring oder einer Schlinge usw. zu befestigen, sind im Kapitel 9 zusammengestellt, wie Ring- oder Muringknoten und dergleichen. Mit dem **Kreuzbändsel** (Abb. 99) kann man zwei Enden, an denen sich Augen befinden, verbinden. Die Lasching wird mehrfach durch beide Augen geführt und dann in der Mitte zusammengebunden. Die **Jungferlasching** (Abb. 100) wird an Bord gebraucht, wenn Jungfer und Taljereep noch im stehenden Gut in Verwendung sind. Die mit ihr gegebene Elastizität kann eine Spannschraube nicht bringen.

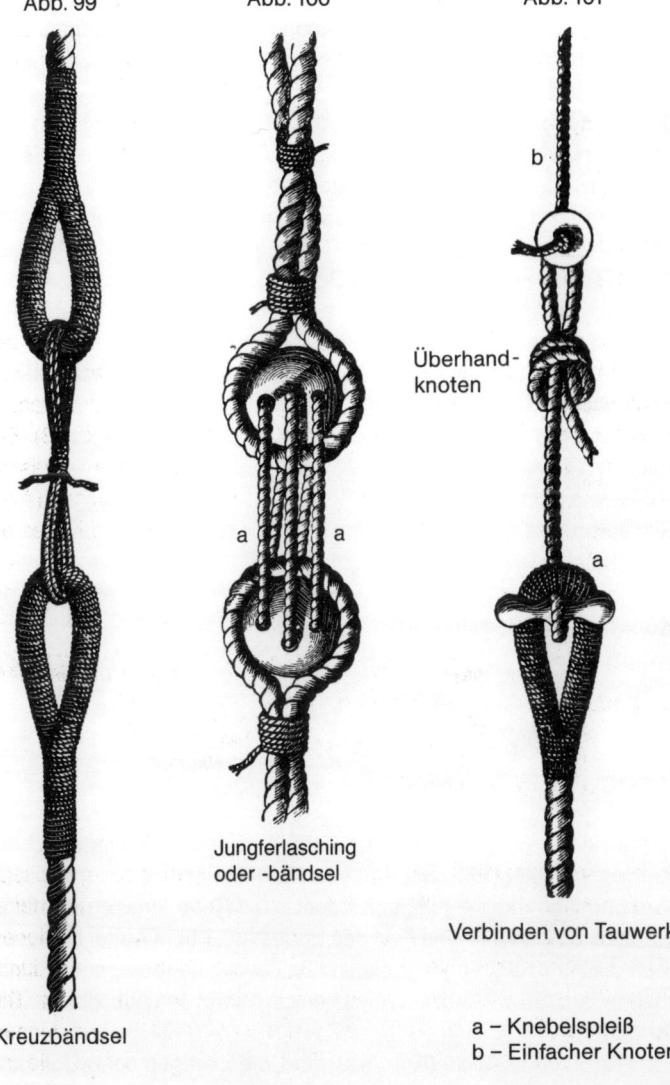

Abb. 99  Abb. 100  Abb. 101

Überhand-
knoten

Jungferlasching
oder -bändsel

Verbinden von Tauwerk

Kreuzbändsel

a – Knebelspleiß
b – Einfacher Knoten

Außerdem gestattet sie eine leichte Regulierung der Zugspannung am Tauwerk. Rammbär und Jungfer sind in den Augen und Platten der Wanten befestigt, wie in der Abbildung mit einfachen Laschings gezeigt, und dann mit dem Taljereep (aa) dichtgeholt.

Die Laschings laufen durch die Löcher der Jungfer, so daß man das Tauwerk dichtholen oder fieren kann. Die stehenden Parten sind vorm Ausrauschen durch einen Stopper- oder Taljereepknoten gesichert; das andere Ende des Taljereeps ist an der Want angesteckt. Abb. 101 zeigt drei Möglichkeiten, Tauwerk zu verbinden. Unter (a) ist der **Knebelspleiß** zu sehen. Der Belegnagel oder -knebel ist, wie die Abbildung zeigt, durch einen mit Takelgarn bekleedeten Augspleiß in einen Tampen eines Endes gesteckt. Der andere Tampen hat ein festes Auge gebunden. Durch dieses Auge ist ein Knopf gesteckt, der mit einem einfachen Knoten (b) gesichert ist. Die doppelte Verbindung ist fertig. Sie hat dazu noch den Vorteil, augenblicklich wieder lösbar zu sein.

Schlaufen und Augen werden im Tauwerk zu verschiedenen Zwecken immer wieder gebraucht. Im vorhergehenden Kapitel wurden Aug- und Cutspleiß beschrieben. Des weiteren gibt es noch ein **Künstliches Auge** (Abb. 102), das beim Kettenspleiß nach Art eines

Abb. 102
Künstliches Auge

Langspleißes gemacht wird. Am Tampen eines Endes legt man ein Kardeel frei, biegt die zwei anderen Kardeele zurück zur stehenden Part und führt das freigelegte Kardeel in der Keep rund um das Auge zurück bis zur stehenden Part des Endes unter dem Auge. Dann teilt man die Kardeele, verjüngt sie und bekleedet sie rundum mit Schiemannsgarn. So entsteht ein Auge ähnlich dem in den Abbildungen 98, 99 und 101.

Ein **Flämisches Auge** (Abb. 103) wird wie folgt gemacht: Oberhalb eines Taklings werden die Kardeele freigelegt und in Kabelgarne

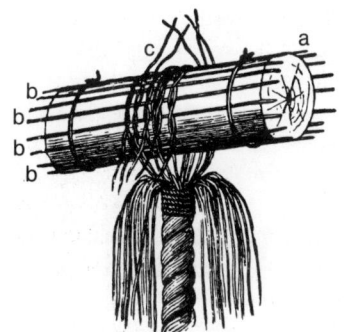 

Abb. 103
Flämisches Auge

aufgedröselt. Dann legt man entlang einem Stück Holz (a) vom Durchmesser des geplanten Auges drei oder mehr »Zeiser« – dünne Garne (b b b b) –, gibt die Kabelgarne herum und bindet sie mit einem Überhandknoten zusammen, vermeidet dabei aber, zwei Überhandknoten dicht nebeneinanderzulegen. Schließlich »versorgt« man die Enden der Garne und versteckt die verjüngten Kardeele in der festen Part dicht unter dem Auge, schmartet und bekleedet.

Der **Nockzeising** (Abb. 104) ist sehr schnell gemacht. Der Tampen wird nur teilweise geöffnet und die Kardeele einmal durchgesteckt, um das Auge zu bilden, das dann mit einem Takling an der stehenden Part befestigt wird.

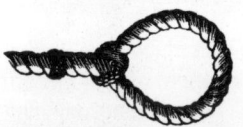 

Abb. 104
Nockzeising

Der Name des eben beschriebenen Nockzeising ist eigentlich irreführend. Man darf ihn nicht mit den eigentlichen Zeisings, nämlich durch Bändsel zusammengebundene zwei Enden, durcheinanderbringen. Diese werden z. B. gebraucht, um eine Kausch sicher in einem Auge oder der Bucht eines Endes zu befestigen, wo ein Spleiß oder Stek nicht verwendet werden kann. Zeiser werden also verwendet, um zwei Parten so zu sichern, daß sie unter Zug weder nachgeben noch slippen.

Das **Flachbändsel** (Abb. 105) ist nur brauchbar bei geringer Belastung und wenn gleiche Kraft auf beiden Enden steht. Mit einem Stück Marlleine oder anderem dünnen Bändselgut, in deren eines Ende ein kleines Auge gelegt ist, fährt man mehrmals um die Parten, die gezeist werden sollen, herum, nachdem der erste Törn (wie die Abbildung zeigt) durch das kleine Auge geführt wurde. Sind es genug Törns, wird die Marlleine innerhalb der Törns zurück, durch das kleine Auge und dann um den Zeising geführt. Dann wird fest zusammengezogen und das lose Ende mit einem Webeleinenstek gesichert (Abb. 106). Bevor man das überflüssige Ende der Marlleine abschneidet, legt man noch einen Überhandknoten über den Webeleinenstek.

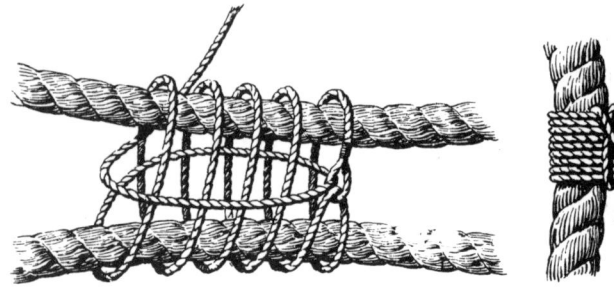

Abb. 105                    Flachbändsel                    Abb. 106

Beim **Rundbändsel,** das im übrigen für die gleichen Zwecke wie das Flachbändsel gebraucht wird, beginnt man ebenso wie bei diesem und macht auch den gleichen Abschluß mit der Abweichung, daß man nach der ersten Lage Törns in ungerader Zahl um die beiden Enden, die gezeist werden sollen, eine zweite Lage – diesmal eine gerade Zahl – darüberlegt, und zwar sehr dicht gezogen und so, daß jeder Törn der zweiten Lage oben auf der Verbindung zweier unterer Törns liegt.

Ein **Tausendfüßlerbändsel** (Abb. 107) wird dann verwendet, wenn ein ungleichmäßiger Zug auf zwei parallellaufenden Enden steht.

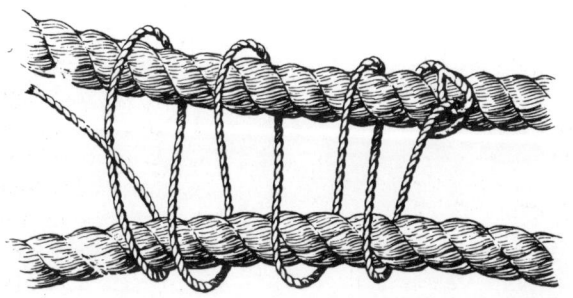

Abb. 107    Tausendfüßlerbändsel

Zuerst macht man wieder ein kleines Auge in den einen Tampen des
Zeisers. Diesmal wird aber das durchgezogene Auge nur um die eine
Part des Tauwerks gelegt und der lose Tampen fest angezogen. Mit
ihm fährt man dann in einer ungeraden Zahl von Achttörns abwechselnd um die einzelnen Parten. Meistens genügen elf Törns. Dann
fährt man mit einem halben Schlag zwischen den beiden letzten
Achttörns durch und legt jetzt eine gerade Zahl von »Reittörns« fest
angezogen darüber. Wiederum schließt man mit einem Webeleinenstek und einem einfachen Knoten ab wie bei den anderen Bändseln.

# Knoten im Alltag

Schleifen bedeuten im Alltagsleben Knoten im allgemeinen. Sie unterscheiden sich je nachdem, ob das zu verpackende oder zuzuschnürende Objekt lose, groß oder klein ist, und natürlich sind es andere Knoten, wenn Holzstämme zusammengebunden werden, ein Boot oder ein Schiff an der Pier oder einem Poller vertäut wird, ein Ende an einem Mast, einem Pfahl oder einem Baum festgemacht wird. Ein Chirurg braucht bestimmte Schlingen und Knoten, um Arterien bei einer Amputation abzubinden (Abb. 110) oder um Luxationen einzurenken (Abb. 112). Diese Knoten dürfen nicht nachgeben, dürfen sich aber auch nicht zuziehen.

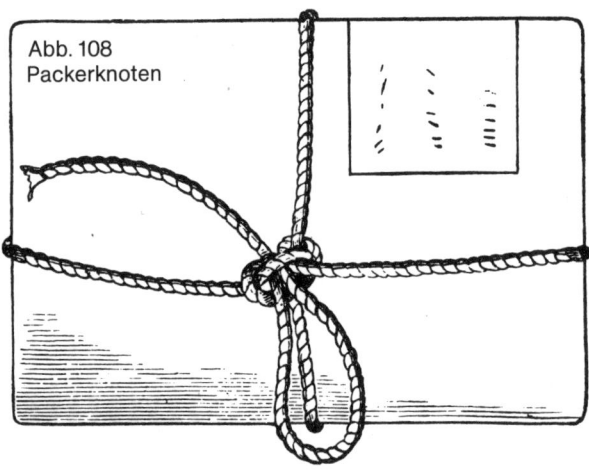

Abb. 108
Packerknoten

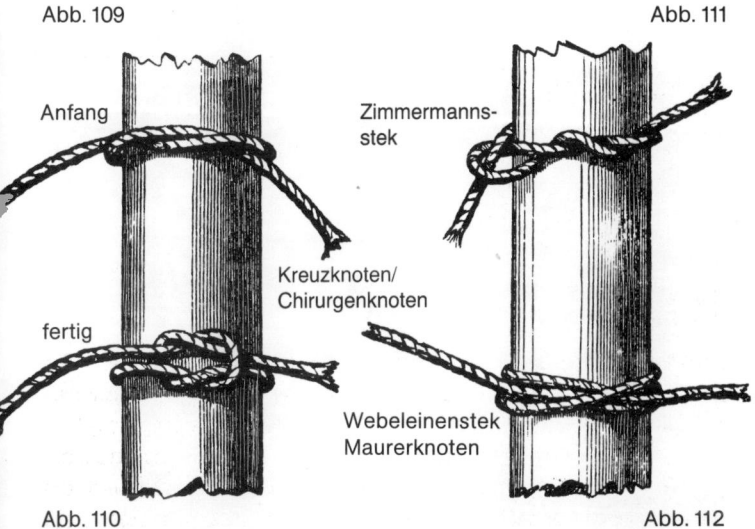

Abb. 109          Abb. 111

Anfang

Zimmermanns-
stek

Kreuzknoten/
Chirurgenknoten

fertig

Webeleinenstek
Maurerknoten

Abb. 110          Abb. 112

Der moderne Knoten im Geschäftsleben ist ohne Zweifel der **Packer-knoten** (Abb. 108). Er kann rechts- oder linksherum gebunden werden; immer bleibt er fest, kann aber sofort gelöst werden, wenn man an dem losen Ende der Schnur zieht. Man bindet ihn, indem man einen einfachen Laufknoten in das Ende der Schnur macht und sie rund um das Paket in vertikaler Richtung legt. Dann wird die Schnur kreuzweise um das Paket geführt und verknüpft wie in der Abbildung gezeigt. Der Knoten kann mit drei Bewegungen der Finger und einer Drehung im Handgelenk geknüpft werden – man muß ihn ganz mechanisch ohne jedes Nachdenken binden können. Er ist aber nur für dünne Schnur und kleine oder mittelgroße Pakete geeignet.

Der Anfang eines **einfachen Knotens** um einen Baum oder Pfahl ist in Abb. 109 zu sehen. Der fertige Knoten ist nichts anderes als der schon bekannte **Kreuzknoten** (Abb. 110).

Der **Zimmermannsstek** (Abb. 111) gehört zu einer Reihe von Knoten, deren Festigkeit von der Reibung ihrer Parten abhängt. Er wird um so fester, je größer die Kraft ist, die auf ihm steht. Nahe

61

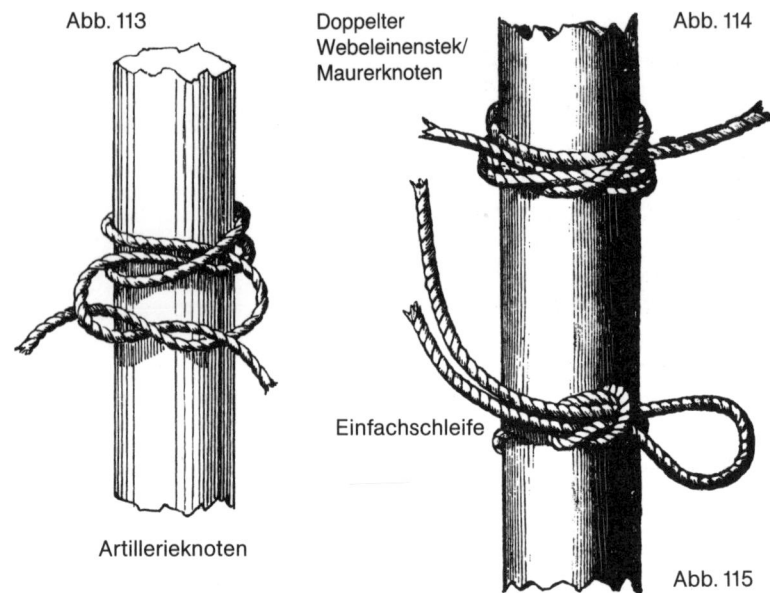

Abb. 113

Doppelter
Webeleinenstek/
Maurerknoten

Abb. 114

Einfachschleife

Artillerieknoten

Abb. 115

verwandt ist einer der nützlichsten Steke, der **Webeleinenstek oder Maurerknoten** (Abb. 112). Von Seglern wird er bei unzähligen Gelegenheiten gebraucht, aber auch von Maurern, um ein Baugerüst zu sichern. Die in ihm steckende Reibung ist groß genug, um das Ende auch an einem ziemlich glatten Pfahl gegen starken seitlichen Zug zu halten. Er kann auch in der Mitte eines Endes gebunden werden. Man muß dann nur das Ende doppelt nehmen. Der Webeleinenstek wird auch von Chirurgen gebraucht, z. B. wenn der Daumen ausgerenkt ist. Werden die beiden Enden verknotet (Abb. 113), dann wird aus dem Webeleinenstek der **Artillerieknoten.** Selten gebraucht und überhaupt selten gesehen wird heutzutage der **Doppelte Webeleinenstek** (Abb. 114).

Der praktische Wert der in diesem Kapitel bisher beschriebenen Knoten ist so groß, daß man das bißchen Zeit darauf verwenden sollte, sie unter allen Bedingungen schnell und sicher machen zu können. Es zahlt sich bestimmt aus.

Die einfache und die doppelte Schleife sind vielleicht die alltäglichsten und nützlichsten Knoten von allen. Beide werden wie in Abb. 109 begonnen. Die **Einfachschleife** (Abb. 115) entsteht, wenn man statt einem Tampen in den Kreuzknoten von Abb. 110 eine Bucht einknotet. Dadurch läßt sie sich leicht wieder aufknoten. Bei der Einfach- und bei der **Doppelschleife** (Abb. 116) muß man jedoch darauf achten, den Einfachknoten, der zuerst gemacht wird, so straff wie möglich zu halten, bis der Knoten fertig ist. Zum Schluß müssen die ausfahrenden Tampen genau wie beim Kreuzknoten auf derselben Seite und parallel mit den festen Parten liegen, sonst ist das Resultat ein Altweiberknoten.

Bei dünnem Bindfaden, wo besondere Festigkeit erforderlich ist, macht man einen **Gedrehten Knoten** mit einer Schleife oder bei dickerer Schnur einen **Doppelt gedrehten Knoten** (Abb. 118). In Abb. 117 ist der Anfang dieses Knotens gezeigt.

Bei dünner Schnur beendet man den doppelt gedrehten Knoten wie den Kreuzknoten (Abb. 110), besonders wenn er straff sitzen muß und man keine Hilfe hat, die den ersten Knoten festhält, bis man den zweiten angezogen hat. (Die Zeichnungen zeigen hier absichtlich die Knoten lose, damit man ihren Aufbau genau erkennt.)

In Abb. 119 ist ein **Ringstropp** für Leute gezeigt, die zelten. Es ist eine einfache Schlinge, deren Tampen mit einem Fischerstek (Abb. 80) verknotet sind. Mit einer kurzen Querstange oder einem Knebel gibt das einen Kleiderhaken an einer Zeltstange.

In Abb. 120 sehen wir einen **Laufknoten mit zwei Tampen;** man wählt ihn, wenn man das Ende nicht zerschneiden will. Nur wenn die Tampen des Endes frei sind, könnte er um einen Mast gelegt werden, doch über einen kurzen Pfosten ist er gut zu verwenden. Gesichert wird er häufig mit einem Slipstek wie in Abb. 121, mit einem Flämischen oder Achtknoten (Abb. 122) oder auch mit halbem Schlag (Abb. 123). Die beiden letztgenannten Knoten können nicht aufgebunden werden, es sei denn, die Tampen sind frei. Ohne einen Marlspieker oder ein ähnliches Hilfsmittel können sie auch nicht geöffnet werden, wenn Zug darauf steht. Aus diesem Grund steckt man besser einen Knebel oder ein Stück Holz vor den Knoten, wenn man ihn möglicherweise schnell loswerfen muß.

Abb. 116

Doppelschleife

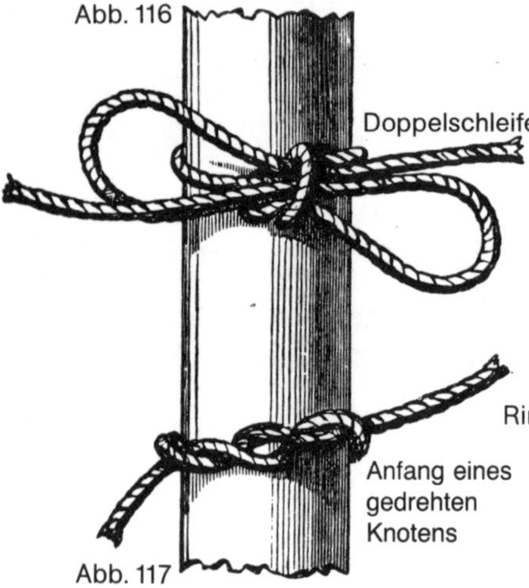

Abb. 118

Doppelt
gedrehter
Knoten

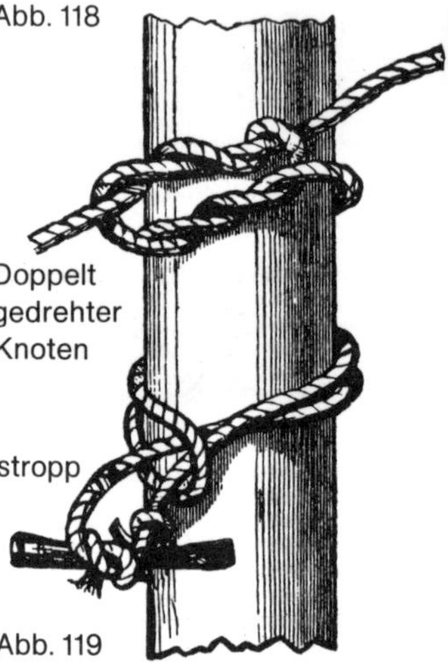

Ringstropp

Anfang eines
gedrehten
Knotens

Abb. 117

Abb. 119

Abb. 120

Laufknoten
mit zwei
Tampen

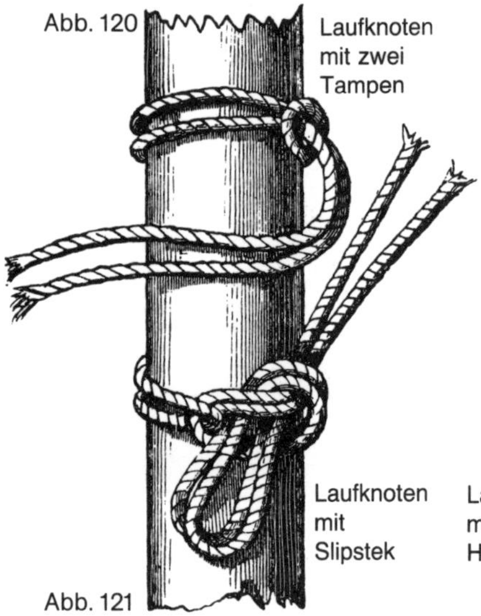

Abb. 122
Laufknoten
mit
Achtknoten

Laufknoten
mit
Slipstek

Laufknoten
mit
Halbem Schlag

Abb. 121

Abb. 123

# Ring- und Muringknoten

Die Volksmeinung hat eine falsche Vorstellung von dem sogenannten Seemannsknoten. Das beruht darauf, daß der Laie meint, es handle sich um jenen Knoten, mit dem der Seemann sein Halstuch befestigt, also nur um einen halben Schlag. Das stimmt natürlich nicht. Ein richtiger Seemannsknoten hat zwei oder mehr halbe Schläge und auch »verkehrte« halbe Schläge. Die Abb. 124 und 125 zeigen zwei verschiedene **Schifferknoten.** Die eine Part des Tauwerks ist gerade und die andere in zwei halben Schlägen um sie herumgelegt. Es sind nützliche Knoten z. B. zum Festmachen der Vorleine kleiner Boote. Ausgezeichnet geeignet für zeitweiliges Festmachen und sofortiges Loswerfen ist der **Halbe Schlag mit Slipstek** (Abb. 126). Bezüglich des Loswerfens ist er genau das Gegenteil von dem **Beigebändselten Rundtörn** (Abb. 127). Für schnelles Loswerfen hat der **Marlspiekerschlag** (Abb. 128) den Vorteil, nur einen Törn im Ring zu haben. Das freie Ende läßt man lang. Leider hat dieser Knoten einen Nachteil, nämlich sich im ungeeigneten Moment zu bekneifen. Deswegen zieht der Seemann den **Lerchenkopf** (mit einem Knebel) vor (Abb. 129). Bei diesem Knoten ist das Tauwerk sofort aus dem Ring und kann sich nicht bekneifen.

In Abb. 130 und 131 sind der **Einfache Laufknoten** und der **Flämische Laufknoten** gezeigt. Der einfache Laufknoten ist zwar nicht so fest, schamfilt aber auch weniger. Der **Gangspillknoten** (Abb. 132) ist eine besondere Form eines Achtknotens. Die verschiedenen **Lerchenkopfknoten** sind sicherer als die eben genannten. Sie werden bevorzugt angewendet, wenn ein Tampen z. B. am Ring

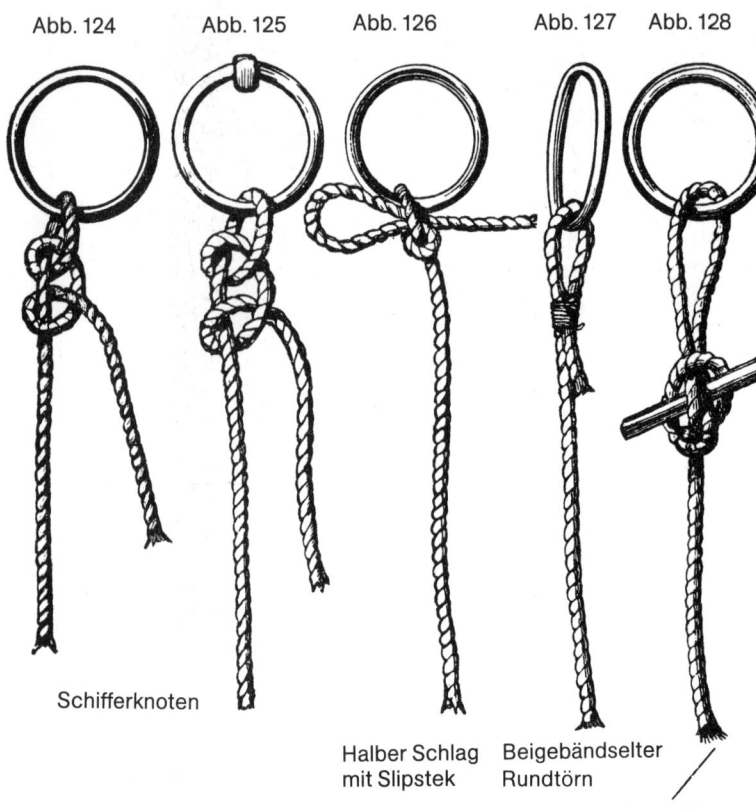

Abb. 124  Abb. 125  Abb. 126  Abb. 127  Abb. 128

Schifferknoten

Halber Schlag    Beigebändselter
mit Slipstek     Rundtörn

Marlspiekerschlag

eines Ankers befestigt werden soll. Abb. 133 zeigt die einfache Form dieses Knotens. Derselbe Knoten noch einmal in Abb. 134, aber beigebändselt.

In Abb. 135 sieht man den **Gekreuzten Lerchenkopf,** in Abb. 136 den **Doppelten Lerchenkopf** und in Abb. 137 den **Dreifachen Lerchenkopf.** Wie diese Knoten geknotet werden, ist aus den Bildern klar zu ersehen und bedarf keiner weiteren Erläuterungen.

Zu den Ringknoten zählt man auch die **Schifferknoten mit den entgegengesetzten halben Schlägen** (Abb. 138 und 139) sowie

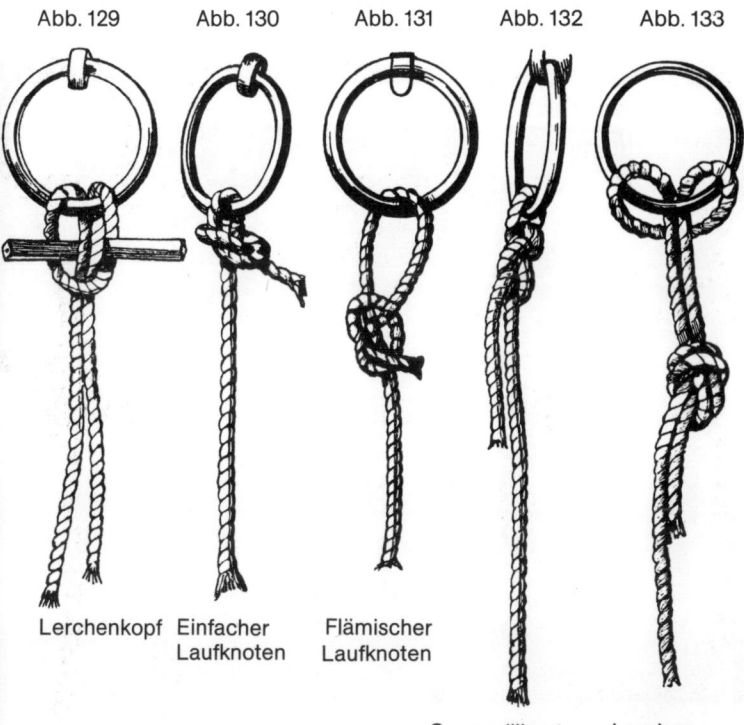

| Abb. 129 | Abb. 130 | Abb. 131 | Abb. 132 | Abb. 133 |

Lerchenkopf    Einfacher       Flämischer
               Laufknoten      Laufknoten

                                                Gangspillknoten    Lerchen-
                                                                   kopfknoten

den **Roringstek** (Abb. 140). Letzterer wird allgemein empfohlen, eine Verholleine, Ankertrosse oder Warpleine am Ring des Ankers zu befestigen. Wenn man den losen Tampen aber nicht beibändselt, rutscht der Knoten und zieht sich, wenn Zug darauf steht, sehr dicht. Der **Rundtörn mit beigebändseltem halben Schlag** ist in Abb. 141 gezeigt. Ein sehr nützlicher Knoten, der schnell geknotet und schnell gelöst ist. Durch einen **Klinsch** (Abb. 142) kann er in einen sehr sicheren Knoten verwandelt werden. Die gebräuchlichste Form, einen Rundtörn zu sichern, ist der **Rundtörn mit zwei halben**

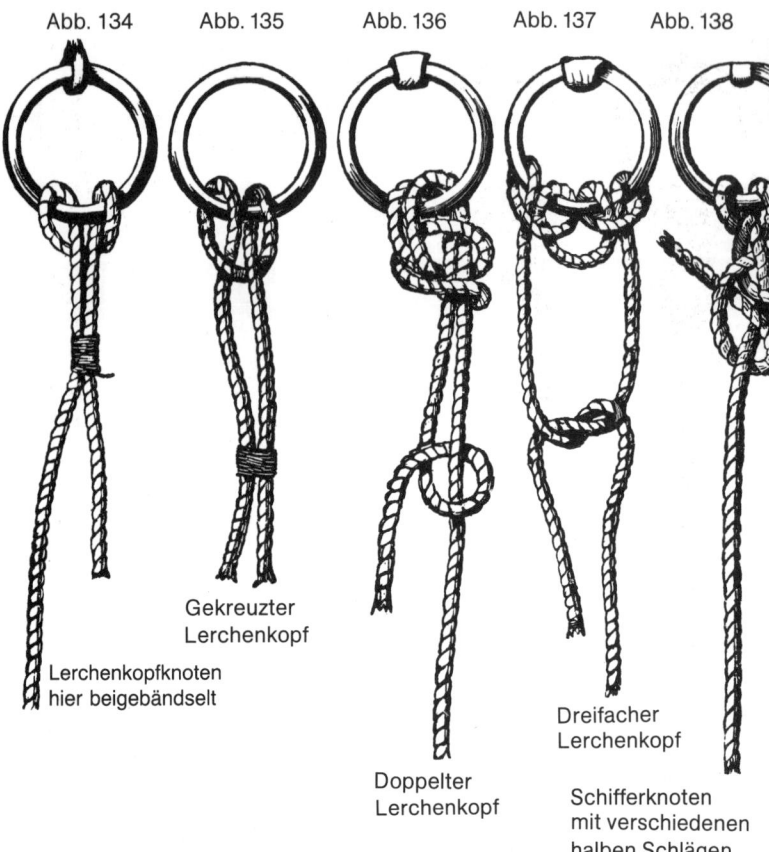

Abb. 134    Abb. 135    Abb. 136    Abb. 137    Abb. 138

Lerchenkopfknoten
hier beigebändselt

Gekreuzter
Lerchenkopf

Doppelter
Lerchenkopf

Dreifacher
Lerchenkopf

Schifferknoten
mit verschiedenen
halben Schlägen

**Schlägen** (Abb. 143). Er wird gebraucht, um ein Ende an einem Ankerring, einen Festmacher an einem Ring am Kai festzumachen usw. Ein sehr zuverlässiger Knoten, der sich aber dichtzieht, es sei denn, das lose Ende ist an die stehende Part rückgebändselt. Er löst sich nicht von alleine, kann aber leicht gelöst werden. Das Thema Ringknoten soll mit einem Knoten, mit dem man zwei Ringe verbindet, beschlossen werden. Er wurde bei der Artillerie **Absperrknoten** (Abb. 144) genannt und ist genau besehen ein Trossenstek.

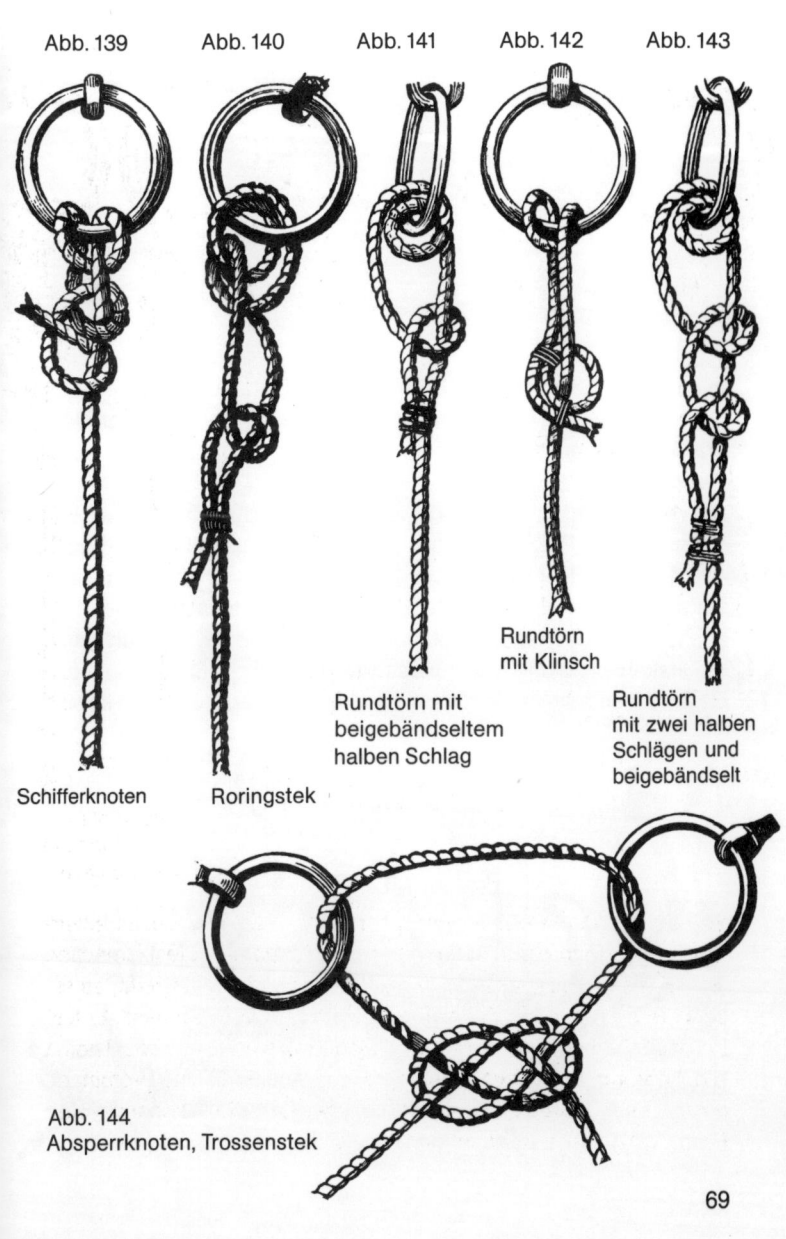

Abb. 139    Abb. 140    Abb. 141    Abb. 142    Abb. 143

Rundtörn
mit Klinsch

Rundtörn mit
beigebändseltem
halben Schlag

Rundtörn
mit zwei halben
Schlägen und
beigebändselt

Schifferknoten    Roringstek

Abb. 144
Absperrknoten, Trossenstek

69

# Knoten für Haken, Tauwerk oder Spieren

In den vorangegangenen Kapiteln wurden Steke mit verschiedenen Knoten und Befestigungen demonstriert. Diese hier sind von großem praktischen Wert im Alltag des Seemanns, eines Bauarbeiters, eines Packers usw.

Der **Hakenschlag** (Abb. 145) ist der einfachste. Seine Festigkeit hängt von der Reibung ab, die dadurch entsteht, daß ein Ende, auf das Zug kommt, ein anderes überkreuzt. Um zu verhindern, daß sich ein solcher Stek über den Nacken des Hakens herausarbeitet oder aushakt, wird der Haken bemust. Man legt mit Garn eine Anzahl Törns um Hakenspitze und Nacken des Hakens (Abb. 146) und verknotet sie an Ort und Stelle. Der **Doppelte Hakenschlag** (Abb. 147) ist eine

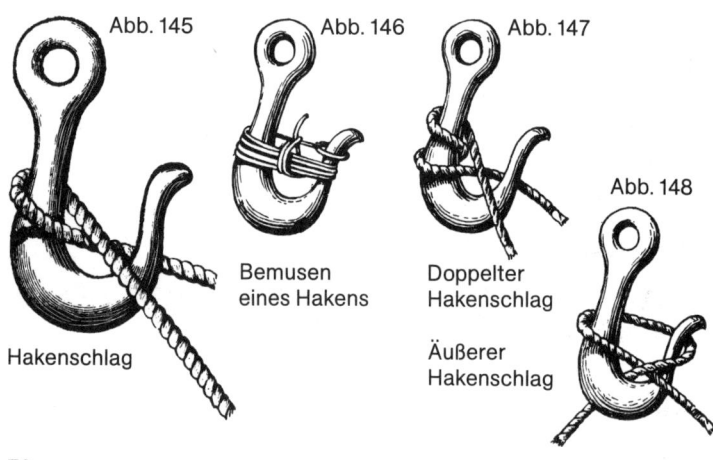

Abb. 145

Abb. 146

Abb. 147

Abb. 148

Hakenschlag

Bemusen
eines Hakens

Doppelter
Hakenschlag

Äußerer
Hakenschlag

Fortführung von Abb. 145. Zuerst wird ein Rundtörn um den Nacken des Hakens gelegt, dann beklemmt man den losen Tampen mit einem einfachen Hakenschlag. Dieser Stek ist sicherer als der einfache Hakenschlag; ist das Tauwerk aber naß oder ölig, kann auch er leicht slippen. In diesem Fall verwendet man den **Äußeren Hakenschlag** (Abb. 148), bei dem man die untere Part um den Nacken und die Hakenspitze herumführt. Das Tauwerk muß aber dick genug sein.

Der **Zimmermannsstek** oder **Balkenstek mit einem halben Schlag** (Abb. 149) ist eine Variante des einfachen Zimmermannssteks. Er wird vor allem zum Holen und Schleppen von Rundhölzern benützt.

Abb. 149
Zimmermannsstek/Balkenstek mit einem halben Schlag

Der halbe Schlag hat eine besondere Hebelwirkung, und seine Kraft kann am geeignetsten Punkt angesetzt werden. Mit einem **Webeleinenstek** kann man ein Ende auch an der Mitte eines anderen befestigen (Abb. 150). Sicherer ist aber der **Stopperstek** (Abb. 151), der weniger zum Slippen neigt. Der Stopperstek hat Ähnlichkeit mit dem Doppelten Webeleinenstek oder Maurerknoten (Abb. 114), er kann sowohl rechts- als auch linksherum gemacht werden. Man beginnt und beendet ihn wie einen Webeleinenstek, aber zwischen die beiden Teile des Webeleinensteks wird ein Rundtörn nach *der Seite* gelegt, nach welcher der Stek *nicht* gleiten darf. Noch sicherer

Webeleinenstek                          Stopperstek

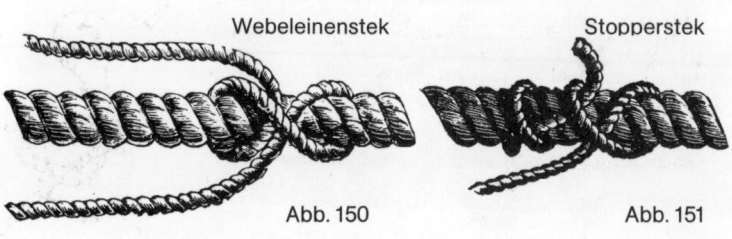

Abb. 150                                 Abb. 151

Abb. 152

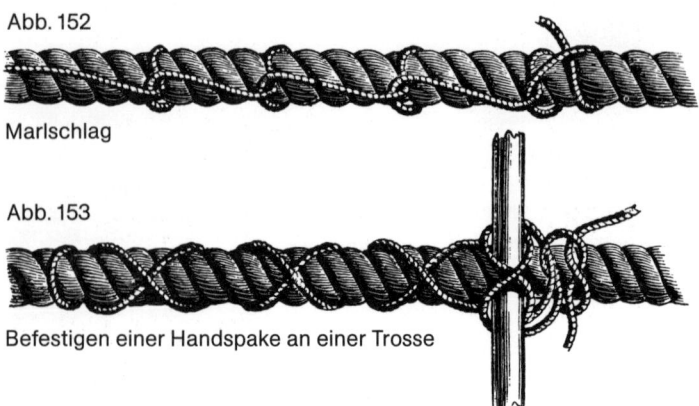

Marlschlag

Abb. 153

Befestigen einer Handspake an einer Trosse

hält der Stopperstek, wenn man den freien Tampen zurückführt und festhält. Mit dem einfachen **Marlschlag** (Abb. 152) kann man noch wirksamer ein dünneres Tauwerk an einem stärkeren befestigen, entweder an einer Muring oder um eine Trosse einzuholen. Wenn man einen Hebel, z. B. eine Handspake, einsetzen will, kann sie wie in Abb. 153 befestigt werden.

Der **Rollstek** (Abb. 154) ist einer der vielen Steke, mit denen man ein Ende sicher an einer Spiere befestigen kann, der **Leesegelstek** (Abb. 155) ist ein weiterer. Segler werden in dem **Topsegelfallstek** (Abb. 156) nur eine leichte Variante des Leesegelsteks feststellen. Es ist aber wohl die beste Methode, ein Topsegelfall an einer Rah zu befestigen. Wenn ein und dasselbe Ende sowohl an einer Spiere als auch an einem Block befestigt werden muß, kann der **Robandsstek**,

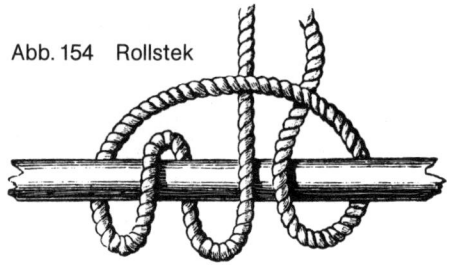

Abb. 154    Rollstek

72

Abb. 155

Abb. 156

Leesegelfallstek

Topsegelfallstek

Abb. 157

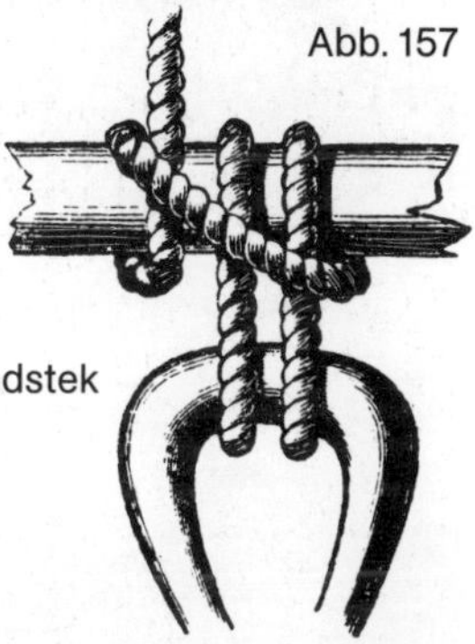

Robandstek

eine Variante des Rollsteks, verwendet werden. Abb. 157 zeigt den
Stek, der Tampen ist auf der Rückseite der Spiere wie in Abb. 155
gesichert.

Der **Marlschlag** (Abb. 158) besteht aus einer Reihe einfacher Knoten, die um irgend etwas aufeinanderfolgend gelegt werden. Man
verwendet den Marlschlag häufiger, vor allem aber auch, um Garn-
splisse rund ums Tauwerk anzumarlen. Segel, Bündel und lange
Pakete können in einer sauberen Rolle mit Schnur oder Bindfaden
»zusammengemarlt« werden. Der **Marlspiekerschlag** (Abb. 159),
auch **Stelling-Stek,** entspricht im Anfang einem laufenden Knoten.
Anstatt aber das Ende durch die Bucht zu nehmen, steckt man einen
Knebel, einen Marlspieker oder etwas ähnliches durch und zieht fest.

Abb. 158    Marlschlag

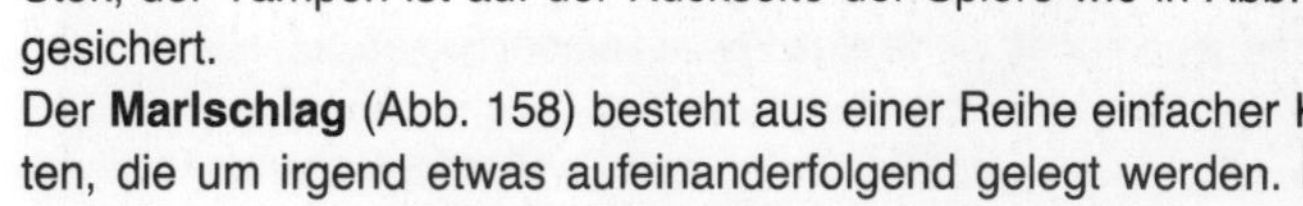

73

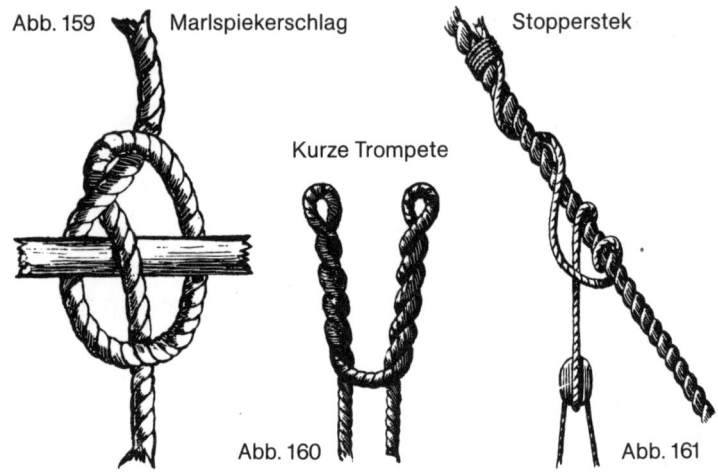

Abb. 159    Marlspiekerschlag      Stopperstek

Kurze Trompete

Abb. 160              Abb. 161

Dadurch wird der Knebel festgehalten. Der Stek kann gut gebraucht werden, den Block einer Talje an einem Ende zu befestigen oder wenn man zeitweise ein Ende vor einem Block stoppen will.

Die **Kurze Trompete** (Abb. 160) ist im eigentlichen Sinne kein Stek, aber sehr geeignet, wenn eine Last an einem Haken befestigt werden soll. Man geht so vor, daß man eine Bucht mit beiden Händen auseinandergezogen über die stehende Part legt und drei bis vier Umdrehungen in jede der entstandenen Querbuchten legt. Der Haken z. B. eines Blocks wird dann durch die beiden kleinen Augen an den Enden gesteckt.

Der **Stopperstek** (Abb. 161) wird vorübergehend um ein Ende gelegt, auf dem Kraft steht, um sie abzustoppen, bis sie belegt ist. Dazu legt man zwei Rundtörns um das Ende, das belegt werden soll, und zwar gegen seinen Schlag. Der Tampen des Stoppers wird dann unter seiner stehenden Part quer zu den beiden Rundtörns hindurchgenommen. Schließlich wird, wie die Abbildung zeigt, gegen die Lage beigebändselt. Dieser Stek kann auch genommen werden, wenn man einen Steert eines Blocks – Handtalje oder Jolltau – an einem Ende befestigen will, um eine besondere Zugrichtung darauf zu bekommen.

# Festmacher und Laschings

Festmacher bestehen vor allem aus Augen und den Kombinationen von Augen an den Enden von Tauwerk, das fest und schnell um geeignete Pfosten gelegt werden soll.

Bekannt ist der einfache **Gebändselte Festmacher** (Abb. 162). Wird das Ende nur zum Festmachen gebraucht, ist kein anderer erforderlich. Öfter ist aber der Tampen noch nicht beigebändselt oder der Festmacher muß erst vorbereitet werden. Dann ist der **Webeleinenstek** (Abb. 163) praktisch. Zum Festmachen legt man zwei Buchten in gegenläufiger Richtung und läßt sie über den Kopf des Pfostens fallen, anstatt mit dem Tampen um den Pfosten zu fahren. Ein **Lerchenkopf** (Abb. 164) kann leicht über einen Pfosten gelegt

Abb. 164        Abb. 162

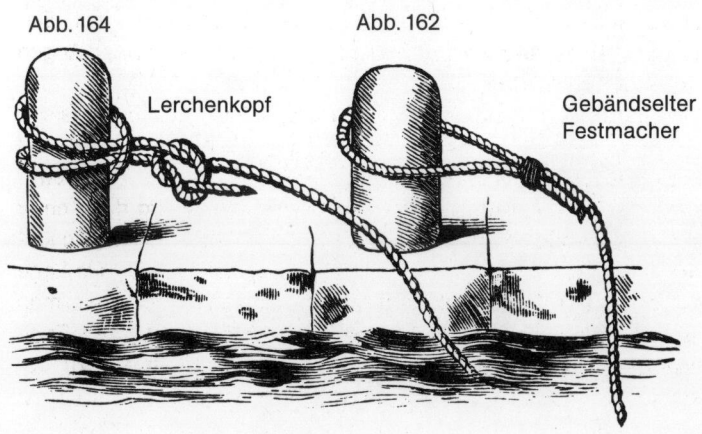

Lerchenkopf

Gebändselter Festmacher

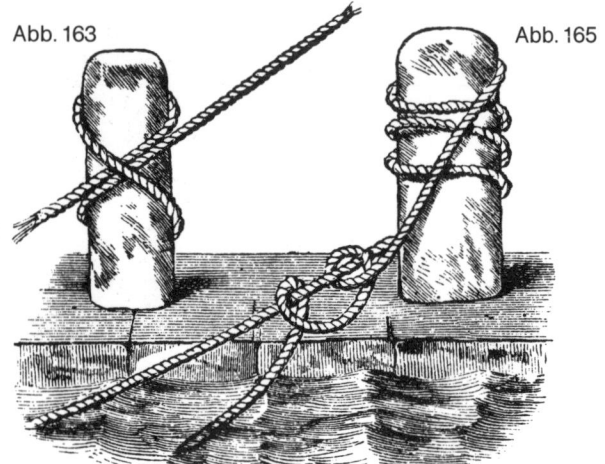

Abb. 163                           Abb. 165

Webeleinenstek                  Festmacher mit mehreren
Rundtörns und zwei
vorgesetzten halben Schlägen

werden, wenn bereits ein Augspleiß oder eine Bucht im Tampen ist. Auch mit mehreren Rundtörns und zwei vorgesetzten halben Schlägen erhält man einen Festmacher (Abb. 165).

Die **Kontratörns** (Abb. 166) sollte man nur verwenden, wenn das Schiff wahrscheinlich für einige Zeit liegenbleibt. Sie sind in ihrer

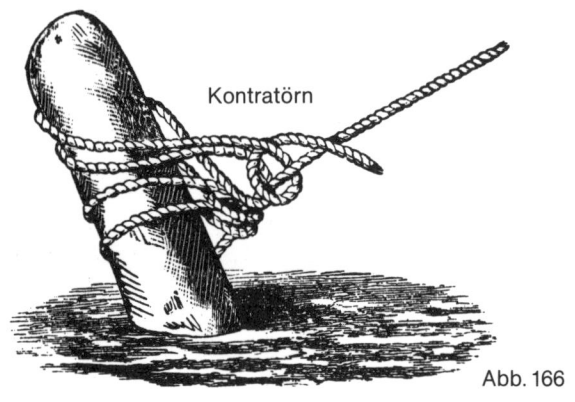

Kontratörn

Abb. 166

76

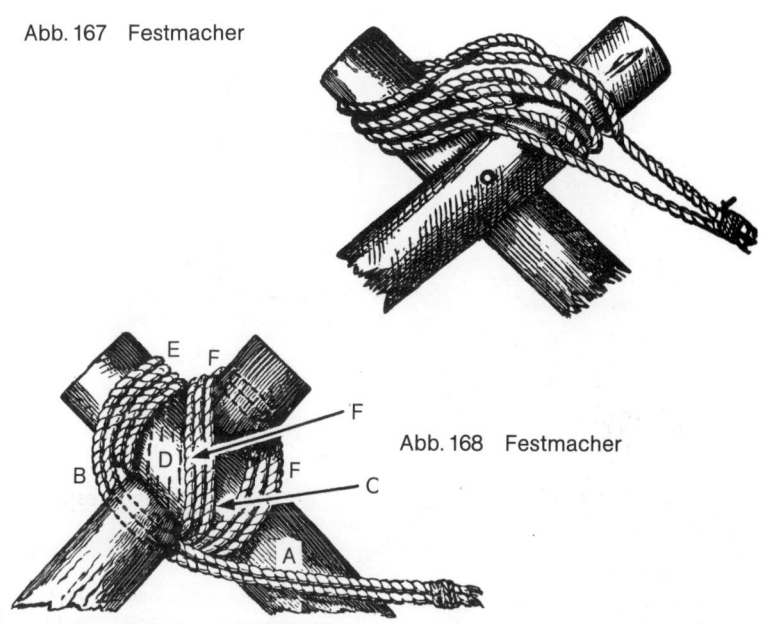

Abb. 167 Festmacher

Abb. 168 Festmacher

Ausführung mehr für die Dauer bestimmt als die eben beschriebenen Knoten. Auch in der Landwirtschaft kann man sie brauchen, wenn der freie Tampen einer festgemachten Leine im Wege ist, z. B. bei Wagen, Maschinen oder Leuten.

Gelegentlich findet man Festmachepfähle, die kreuz- oder scherenförmig sind. In solchen Fällen können die Festmacher anders gelegt werden. Die beiden Abbildungen 167 und 168 zeigen, wie **Festmacher** gelegt oder weggenommen werden können, ohne daß die Augen selbst gelöst werden müssen. Man führt, wie Abb. 168 zeigt, das Auge von A über B, C, D, E und hängt es dann über den rechten Schenkel der Schere. Wenn man den Festmacher abnehmen will, nimmt man es wieder über den Kopf des Pfostens und die Törns in umgekehrter Reihenfolge ab. Die Ausführung des einfacheren **Kreuz-Festmachers** (Abb. 169) und des **Viereck-Festmachers** (Abb. 170) ist aus den Bildern ohne weiteres ersichtlich. Die

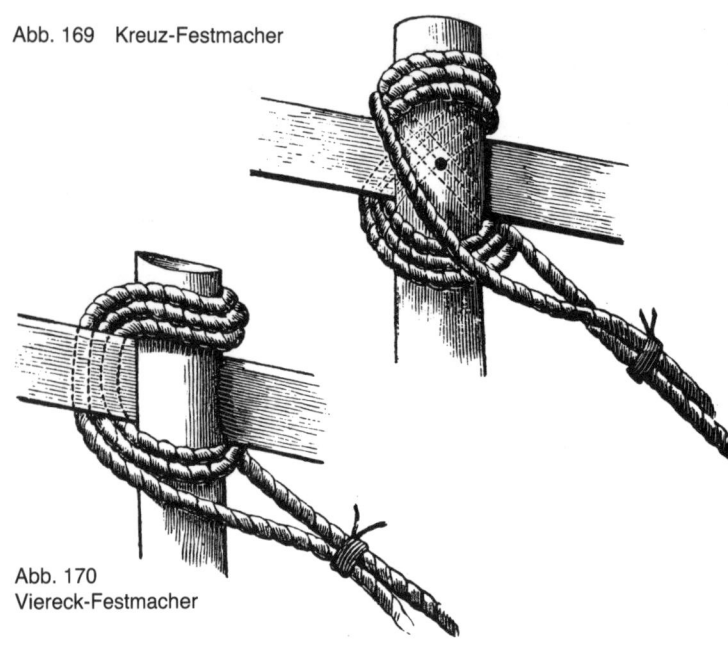

Abb. 169   Kreuz-Festmacher

Abb. 170
Viereck-Festmacher

Enden bändselt man immer an die stehende Part. Die Tampen
dünneren Tauwerks werden gewöhnlich auf einem Belegnagel (Abb.
171) oder einer Klampe (Abb. 172) belegt, indem erst ein Rundtörn
um den Belegnagel oder die Klampe gelegt wird und dann zwei oder
mehr Achttörns mit dem Tampen – jedenfalls genügend Törns, daß
das Ende nicht slippt. Keinesfalls sollte ein halber Schlag davorge-
setzt werden, wenn auch nur eine geringe Wahrscheinlichkeit
besteht, daß das Ende schnell losgeworfen werden muß. Um Enden
am Mastbeting zu sichern, wird erst ein Rundtörn mit dem Tampen um
den senkrechten Poller gelegt; der übrige Tampen wird dann in einer
vernünftigen Zahl von Achttörns sowohl um den senkrechten als um
den Querpfosten gelegt (Abb. 173). Belegt man einen Poller am Kai
mit einer Trosse, wird der Tampen zuerst um die Rückseite des
entferntesten Pollers genommen, dann zwischen die beiden Poller
und in der erforderlichen Zahl von Achttörns um die beiden Poller

78

Abb. 171

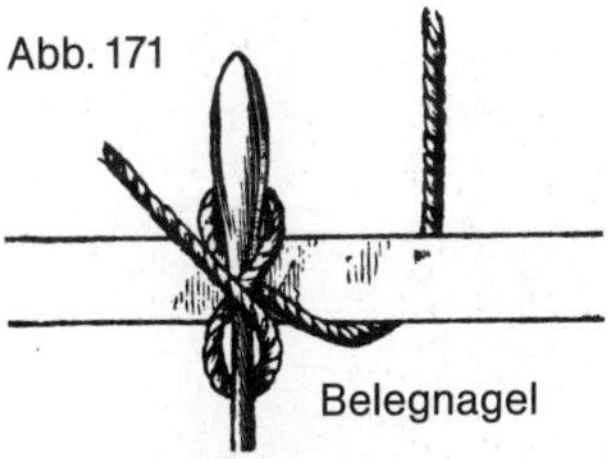

Belegnagel

Belegen

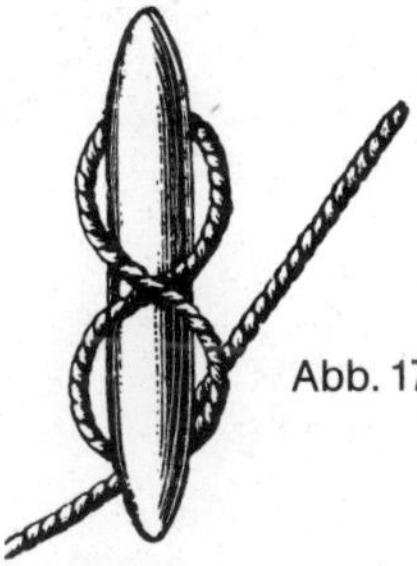

Abb. 172   Klampe

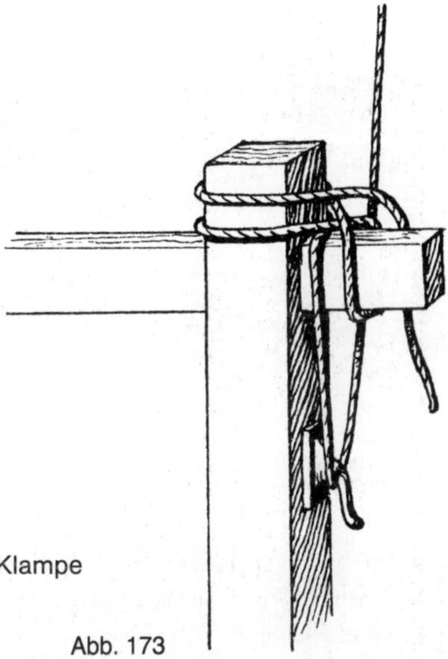

Abb. 173
Belegen auf einem Mastpoller

gelegt. Niemals sollte mit einem halben Schlag gesichert werden. Es ist besser, die beiden obersten Achttörns zusammenzubändseln (Abb. 174).

Wie man Trossen und Kabel mit Bändseln oder Steken verbindet, wurde bereits erläutert. In Abb. 175 ist ein **Bändsel** gezeigt, bei dem Achttörns mit einem Kreuzknoten gesichert sind. Es ist eine sichere Verbindung, die auch schnell gemacht ist. Je größer die Kraft ist, die auf ihm steht, um so fester zieht er sich. Das **Wantbändsel** in Abb. 176 wird damit abgeschlossen, daß man den zweiten Tampen durch

Achttörns auf einem Poller

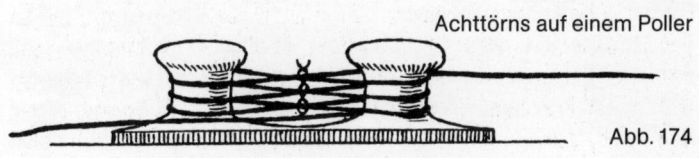

Abb. 174

79

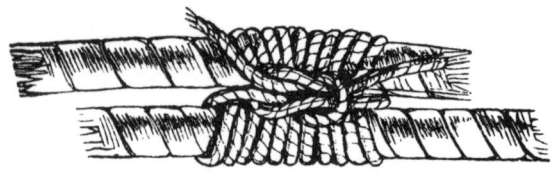

Abb. 175  Achtknoten-Bändsel mit Kreuzknoten gesichert

Abb. 176
Wantbändsel

die Buchten in einem Törn hindurchzieht. So läßt sich auch eine gebrochene Angelrute reparieren. Nach einem besseren Vorschlag, der aber vielleicht nicht immer praktikabel ist, legt man den ersten Tampen mit einer einfachen Bucht in der Länge des ganzen Bändsels, das gemacht werden soll. Darauf legt man die Törns des Bändsels eng herum und kann den Tampen durch die Bucht nach innen ziehen. Diese Form ist eine saubere, feste Bindung und leicht herzustellen.

Mit der **Spanischen Winde** können zwei Enden, auf denen Kraft steht, zusammengezogen werden. Dies ist oft notwendig, wenn man z. B. Drahttauwerk spleißt. Über eine quer zu den Enden gehaltene Stange wird ein Ende um die beiden zusammenzuholenden Enden geführt, wie es Abb. 177 zeigt. Mit einem Marlspieker macht man an beiden Enden der Stange einen Handgriff. Wenn man diese Griffe in entgegengesetzter Richtung dreht, wird der Törn um die beiden Enden allmählich zusammengezogen und damit auch die beiden Enden aneinander gebracht.

Die **Garotte** wird gebraucht, um Spieren eng aneinanderzubinden. Abb. 178 zeigt, wie diese Zurring in A begonnen und bei B beendet wird. Mit einem Stock, der unter den Knoten geschoben wird, dreht man die Törns fest und befestigt den Stock dann wie in C. Schneller

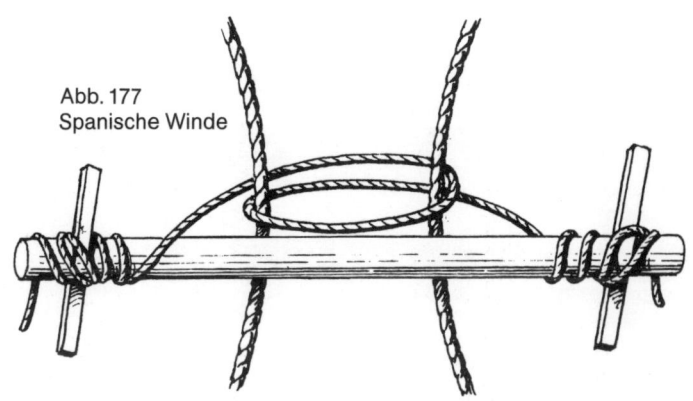

Abb. 177
Spanische Winde

geht es mit dem **Ringstropp** wie in Abb. 179 gezeigt. Man benötigt zwei Knebel, dreht sie fest und bindet dann die beiden Stöcke zusammen.

Mit der **Portugiesischen Zurring** wird der Kopf eines zweibeinigen Bocks zusammengebunden. Die Hölzer werden dicht zusammengelegt und mit einer einfachen Zurring verbunden, man zieht sie dann an einem Ende auseinander und sichert die Tampen der Zurring mit einem Kreuzknoten zwischen ihnen. Mit der **Scherenkopfzurring** wird der Kopf eines provisorischen Scherenkrans gesichert. Mit dreizehn Rundtörns einer einfachen Lasching und zwölf Törns darübergelegt zurrt man die Köpfe zusammen. Straffgezogen wird die Zurring durch Öffnen der Schere.

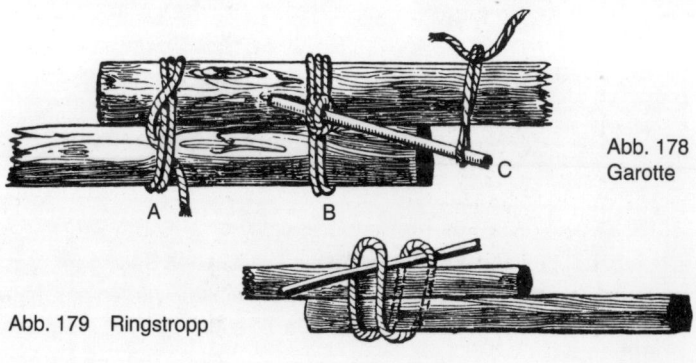

Abb. 178
Garotte

A        B        C

Abb. 179    Ringstropp

# Takling und Rückspleiß

Wenn Tauwerk, Trossen oder Kabel an ihren Tampen nicht fachgerecht versorgt werden, dröseln sie mit Sicherheit auf oder werden sonst irgendwie unbrauchbar. Dasselbe gilt auch in kleinerem Maße für dünnere Leinen und Schnüre. Tampen können in gutem Zustand gehalten werden, indem man sie verjüngt, einen Zierknoten aus den Enden der Kardeele macht oder sie zurückspleißt, einen einfachen Knoten aufsetzt – übrigens die schlechteste Lösung des Problems – oder dadurch, daß man sie mit Takelgarn betakelt.

Es gibt vier Grundformen des Taklings – den »Einfachen Takling«, den »Amerikanischen Takling«, den »Spanischen Takling« und den »Genähten Takling«. Mit jedem von ihnen kann man das Aufdröseln von Kardeelen und Garnen verhindern, einen Takling verstärken oder das Ende an bestimmten Stellen nach Länge markieren.

Der **Einfache Takling** (Abb. 180/181) ist auch am einfachsten

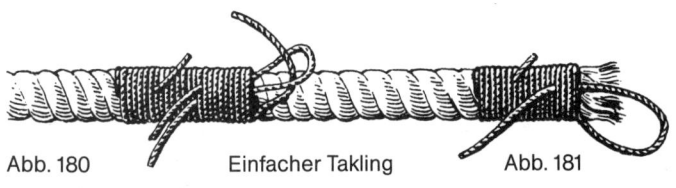

Abb. 180          Einfacher Takling          Abb. 181

anzulegen. Man nimmt ungefähr 50 cm gewachstes Segelgarn, legt ein Ende davon entlang dem Tampen, der betakelt werden soll, hält es mit dem Daumen fest und wickelt nun Törn an Törn herum bis auf etwa einen Zentimeter an den offenen Tampen des Endes heran. Dann legt man das andere Ende des Segelgarns in Längsrichtung des Tampens und macht noch einmal vier bis fünf Törns. Schließlich zieht man das zweite Ende des Segelgarns durch die letzten paar Törns fest und schneidet beide Enden dicht am Takling ab (Abb. 181). Will man denselben einfachen Takling als Markierung irgendwo mitten auf dem Tauwerk anbringen, nimmt man ein kurzes Stück Segelgarn doppelt als Bucht (Abb. 180) und legt es in der Längsrichtung des Taklings, legt noch etwa ein halbes Dutzend Törns darüber und zieht das lose Ende der Törns mit der Bucht durch die letzten Törns zur Mitte. Den Anfang hat man wie in Abb. 180 befestigt.

Der **Amerikanische Takling** wird genauso wie der einfache Takling gemacht (Abb. 182), aber anstatt die Garnenden abzuschneiden, werden sie zum Schluß mit einem Kreuzknoten verbunden.

Abb. 182
Amerikanischer Takling

Abb. 183    Genähter Takling

Anders ist der »West-Country Takling«. Man nimmt zwar dieselbe Länge Segelgarn und legt es mit der Mitte beginnend um das Ende, das betakelt oder markiert werden soll. Dann verknotet man es aber auf der Gegenseite, nimmt die beiden Enden des Segelgarns wieder rund um das Ende zurück, bekommt damit den ersten Takeltörn, macht wieder einen einfachen Knoten und wiederholt das, bis die gewünschte Länge des Taklings erreicht ist. Schließlich werden die Enden des Segelgarns mit einem Kreuzknoten verknüpft.

Der **Genähte Takling** (Abb. 183) sitzt fester als die vorhergehenden und ist besser geeignet für Tauwerk, das im Wind schlägt. Wie er gemacht wird, ist aus der Abbildung zu ersehen. Mit Nadel und

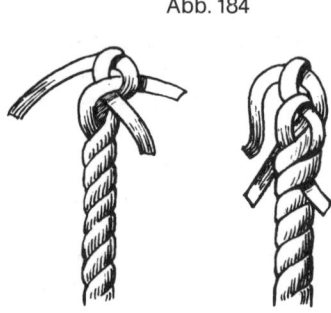

Abb. 184    Abb. 185    Abb. 186

Spanischer Takling/Rückspleiß    Zuspitzen eines Endes

Verjüngung abgeschlossen
mit einem kleinen Auge

Segelhandschuh genäht, ist er der solideste Dauertakling. Dabei wird
das Segelgarn nicht über dem Takling zwischen die Kardeele gelegt,
sondern jeweils unter einer Kardeele durchgezogen und dann schräg
über dem Takling, der Keep folgend, genäht.

Mit dem **Spanischen Takling** – auch »Rückspleiß« genannt – sichert
man einen Tampen durch Rückspleißen, obwohl das letztlich keine
sehr feste Arbeit ist. Man legt dazu etwa den zweifachen Durchmesser des Tampens in Längsrichtung frei und fertigt dann einen Kronenspleiß wie in Abb. 184. Die Kardeele werden wie bei einem
einfachen Augspleiß in die stehende Part des Endes eingespleißt,
dabei wird der Spleiß dichtgezogen. Nach dem ersten Einspleißen
werden die Kardeele verjüngt.

Wenn man ein **Ende zuspitzen** will (Abb. 185), damit es nicht
auseinandergeht oder um es mit einer Verzierung zu verjüngen, so
daß es leicht durch einen Block oder Ring geht, setzt man erst einen
Takling in zweieinhalbfachem Durchmesser des Tauwerks vom Tampen entfernt auf. Dann legt man die Kardeele bis zum Takling frei, teilt

sie in Garne auf und nimmt soviel vom unteren Garn heraus, wie man zur Verjüngung entbehren kann. Nunmehr teilt man die Außengarne je in zwei Hälften und dreht die Hälfte von dem einen mit der Hälfte des benachbarten in Füchsel oder Knittels (wie es genannt wird) nach links mit Zeigefinger und Daumen zusammen. Wenn alle Knittels zusammengedreht sind, steckt man sie provisorisch in die stehende Part des Endes unter dem Takling. Durch Wegkratzen der überflüssigen Kardeele und Garne mit einem scharfen Messer fertigt man die Grundform der Verjüngung am Tampen. Dann marlt man, was übriggeblieben ist, mit feinem Segelgarn. Nun legt man die Knittels wieder frei und jedes einzelne entlang der Verdünnung. Wenn dies getan ist, legt man mit Segelgarn einen Zimmermannsstek (Abb. 71), »Warp« genannt, zieht dicht bis zum Takling und legt die eingesteckten restlichen Kardeele entlang der Verjüngung außen über den Warpring. So fährt man fort in der Reihenfolge: mit Zimmermannsstek einen Warpring machen und die Knittels eins rauf-, eins runterlegen, bis die Spitze der »Verjüngung« erreicht ist. Wenn das Gebilde nicht steif genug ist, kann man ein zugespitztes Stöckchen in die Verjüngung einschieben. Um zum Ende zu kommen: Mit den zurückgesteckten Knittels macht man eine kleine Bucht und steckt die Warp hindurch, dann dreht man die Bucht zu einer Acht, führt die Warp wieder durch, zieht fest und schneidet alle freien Enden ab. Wahlweise kann die Verjüngung auch mit einem kleinen Auge oder einem kleinen Knebelstropp abgeschlossen werden (Abb. 186).

Will man einen kunstvollen Augspleiß haben – man nennt es einen Tampen umweben –, beginnt man mit einem einfachen Augspleiß, schlägt die Kardeele einmal um und drösselt sie in Garne auf. Die unteren Garne verarbeitet man sodann zu drei Füchseln, die man der Lage des Tauwerks genau entsprechend legt und dann marlt. Nun teilt man die äußeren Kardeele in zwei Hälften. Sie werden zu Knittels gedreht und genau wie beim »Verjüngen« verarbeitet.

Von den Zierknoten, mit denen man einen Tampen abschließen kann, ist der einfachste und für vierkardeeliges Tauwerk geeignetste die **Königskrone.** Der Tampen wird zunächst betakelt (Abb. 187 A), dann werden die vier Kardeele auseinandergebreitet, nach unten genommen und in Buchten wie in Abb. 188 gezeigt verbunden.

Königskrone

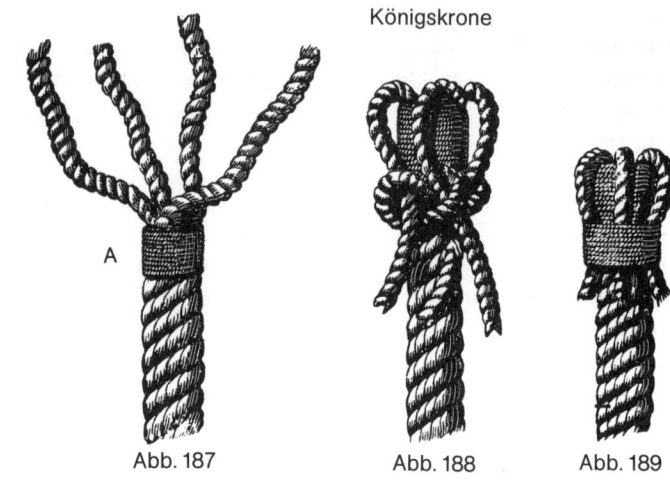

Abb. 187          Abb. 188          Abb. 189

Darüber wird schließlich wie in Abb. 189 ein zweiter Takling gelegt. Für dreikardeeliges Tauwerk ist der **Einfache Schauermannsknoten** geeignet. Abb. 190 zeigt, wie die zunächst strahlenförmig auseinandergelegten Kardeele miteinander verschlungen werden. Zieht man sie dann fest, ist der Knoten, wie ihn Abb. 191 zeigt, fertig. Für den **Doppelten Schauermannsknoten** (Abb. 192) macht man erst

Einfacher Schauermannsknoten      Doppelter Schauermannsknoten

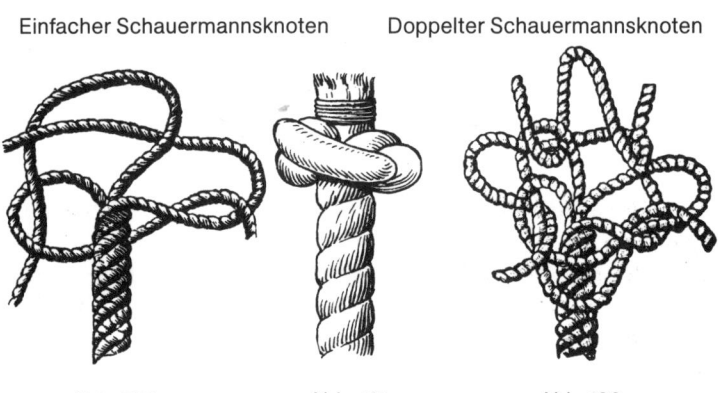

Abb. 190          Abb. 191          Abb. 192

den einfachen Schauermannsknoten, ohne jedoch die Kardeele festzuziehen. Statt dessen steckt man die einzelnen Kardeele noch ein zweites Mal unter die nächstliegende Bucht nach oben und zieht dann gleichmäßig zusammen, wobei die Kardeele in der Mitte oben zusammenkommen.

Um einen **Kronenspleiß** zu machen, legt man die Kardeele bis zu einem provisorischen Takling frei und eine von ihnen in einer Bucht über den Takling. Dann wird das zweite Kardeel durch das erste und das dritte über das zweite und durch die Bucht des ersten geführt (Abb. 193). Für einen **Doppelten Kronenspleiß** führt man dasselbe wie bei der einfachen Krone ein zweites Mal aus mit denselben Kardeelen.

Für den **Fallreepsknoten** (Abb. 194) wird erst ein Schauermannsknoten (Abb. 190) gelegt, auf den man dann einen Kronenspleiß setzt.

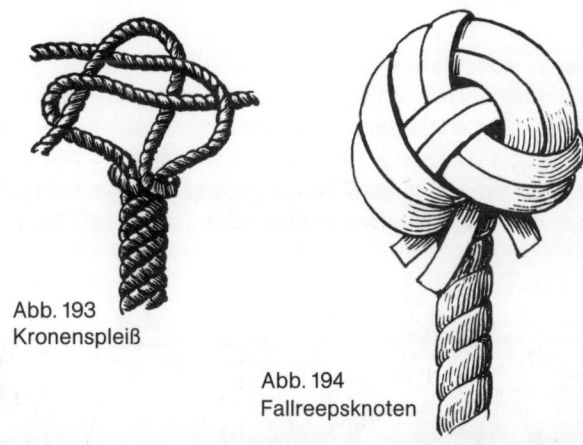

Abb. 193
Kronenspleiß

Abb. 194
Fallreepsknoten

Zum Schluß werden die Kardeele dichtgeholt. Einen **Doppelten Fallreepsknoten** erhält man aus einem Fallreepsknoten, der jedoch ein drittes Mal mit den losen Kardeelen umfahren wird. (Für einen »Türkischen Bund« wird das noch ein weiteres Mal wiederholt.) Ein **Türkischer Laufknoten** wird manchmal auf ein Messerbändsel gesetzt, um die Flachknoten zu verzieren. Er ist der eigentliche **Türkenbund,** der um die stehende Part gelegt für sich statt aus dem

Tampen selbst gefertigt wird: Der Türkenbund kann ein Ende ebenso wie ein Band oder einen Gürtel schmücken (Abb. 195, 196, 197). Man legt einen Webeleinenstek um den zu schmückenden Gegenstand. Einer der Rundtörns muß den anderen kreuzen. Mit dem freien Ende fährt man unter und über der Bucht durch, kreuzt die Buchten noch einmal und führt das lose Ende noch einmal unter und über die untere Bucht. So folgt man dem Schlag rundherum und erhält dann einen »Turban«.

### Türkenbund

| Abb. 195 | Abb. 196 | Abb. 197 |

Der einfache **Diamantknoten** (Abb. 198/199) ist eine andere Möglichkeit, mit einem Zierknoten einen Tampen zu beenden oder ein Ende irgendwo in der Mitte zu verzieren. Die Kardeele müssen sehr sorgfältig auseinandergedreht werden, um den Schlag des Tauwerks

Einfacher Diamantknoten        Doppelter Diamantknoten

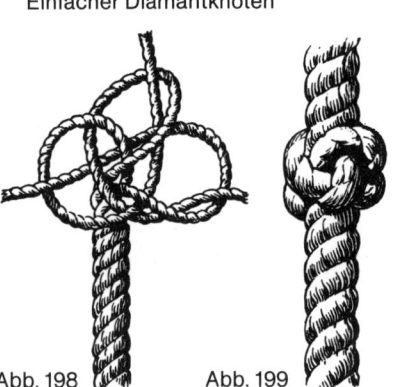

Abb. 198     Abb. 199        Abb. 200

zu erhalten, weil die freien Enden nach Beendigung des Knotens noch einmal zusammengelegt werden. Sie werden so auf die stehende Part zurückgenommen, daß drei Buchten entstehen, die man festhält. Das linke Kardeel wird vorne über die Bucht genommen und aufwärts durch die Bucht des Mittelkardeels gesteckt. Das Ende des Mittelkardeels wird über das rechte Kardeel und durch die Bucht des linken Kardeels nach oben geführt. Schließlich wird das dritte Kardeel über die linke und durch die Bucht der Mittelkardeele durchgesteckt. Die freien Enden werden dichtgezogen und über den festen Knoten wieder zusammengedreht. Einen **Doppelten Diamantknoten** (Abb. 200) beginnt man mit einem einfachen und legt die losen Kardeele, der Lage der Buchten folgend, um den Knoten herum, bis sie sich über dem Knoten treffen; dann zieht man sie fest und legt sie wieder zusammen.

Beim **Stopperknoten** (Abb. 201), der dem Schauermannsknoten ähnelt, wird zuerst eine einfache »Warp« gelegt, und zwar am Tampen oder wo man den Knoten sonst anbringen will. Die Kardeele werden nicht dichtgeholt. Dann fährt man mit jedem losen Kardeel von links

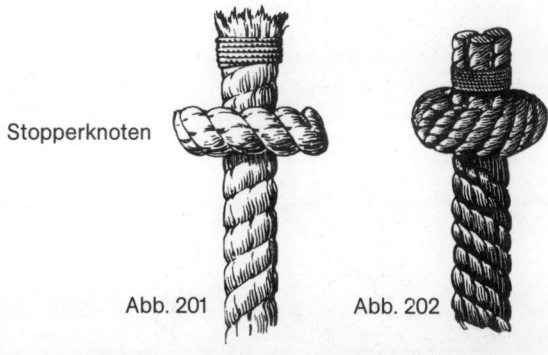

Stopperknoten

Abb. 201          Abb. 202

nach rechts von unten durch das jeweils nächste Kardeel und unter die nächstliegende Bucht in dem Steg. Auf diese Weise folgt man dem Knoten rechtsherum, und die Enden treffen sich wieder über dem Knoten. Der Knoten wird festgezogen, die Kardeele zusammengedreht und dann eventuell kurz abgeschnitten (Abb. 202).

Ein **Doppelter Fallreepsknoten** (Abb. 203) entsteht, wenn man wie in Abb. 192 beginnt. Die Kardeele werden neben die des ersten Kronenspleißes gelegt, dann nimmt man sie durch dieselbe Bucht in dem ersten Kronenspleiß und herunter durch den doppelten Ring, um den Knoten damit abzuschließen.

Doppelter Fallreepsknoten

Taljereepsknoten

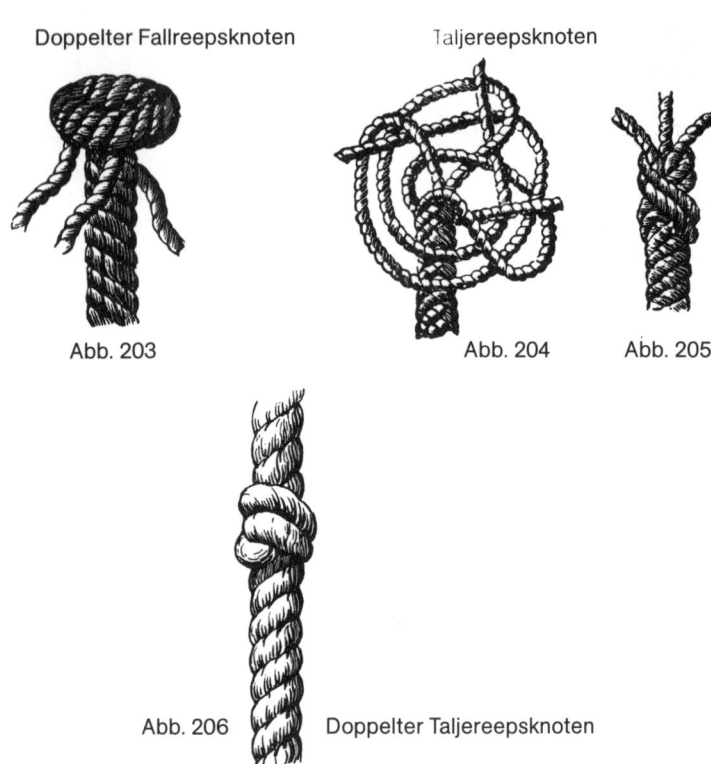

Abb. 203

Abb. 204

Abb. 205

Abb. 206

Doppelter Taljereepsknoten

Der **Taljereepsknoten** wird wie in Abb. 204 gezeigt geknüpft. Erst legt man einen Takling, dann werden die Kardeele auseinandergelegt. Danach wird ein Kardeel um das Ende und durch seine eigene Bucht genommen (ein halber Schlag), mit dem freien Ende des nächsten Kardeels von unten durch die Bucht des ersten gefahren und durch die eigene Bucht. Ebenso verfährt man mit dem dritten. Dichtgeholt sieht der Knoten wie in Abb. 205 aus. Wichtig ist allerdings, den Unterschied zwischen dem einfachen Schauermanns- und dem einfachen Taljereepsknoten im Auge zu behalten.

Beim **Doppelten Taljereepsknoten** ist jedes Kardeel mit den zwei anderen Kardeelen verflochten und dann durch die eigene Bucht gelegt. Nach dem Dichtholen sollte der Knoten wie in Abb. 206 aussehen.

Die Tampen von Kunstfasertauwerk werden genauso wie die der Naturfasern behandelt. Es ist nützlich, die Garne eines Kardeels oder alle Kardeele über der Flamme eines Streichholzes zu verschmelzen; aber auch dann soll man einen Takling aus synthetischem Takelgarn herumlegen.

# Flechtwerk und Matten

Das Flechten von Tauwerk hat sowohl einen Nutz- als auch einen Schmuckwert. Man kann damit z. B. ohne weiteres ein kurzes, festes Ende herstellen, wenn nur dünne Schnur zur Verfügung steht. Der **Einfache Flechtknoten** oder **Dreierzopf** – aus naheliegenden Gründen manchmal auch »Schulmädchenknoten« genannt – wird aus drei Kardeelen oder drei gleichlangen Enden gemacht. Die Kardeele werden an einem Ende zusammengeknotet, das rechte Kardeel über das Mittelkardeel genommen und dann das linke über das rechte, das jetzt in der Mitte liegt. Der Flechtvorgang wird mit dem rechten und dem linken Kardeel abwechselnd wiederholt, bis der Zopf die richtige Länge hat. Mit einem Überhandknoten (Abb. 11/12), einem Schauermannsknoten (Abb. 190) oder indem man die Enden auf andere Art fest verbindet, schließt man den Zopf ab.

Der **Gewöhnliche Zopf** oder **Rundplatting** kann mit einer beliebigen Zahl von beliebig langen Schnüren, die zur gewünschten Größe des Zopfes passen, geflochten werden. Die Schnüre hängt man in der Mitte über einen Haken. Dann nimmt man je eine Hälfte und flicht ein kleines Auge. Wenn das Auge fertig ist, nimmt man eine Schnur oder einen Strang heraus und fährt fort, mit einer ungeraden Zahl zu flechten. Dazu legt man die ganz außen liegende Schnur von der Seite mit der jeweils größeren Zahl abwechselnd in die Mitte. Während des Überkreuzens hält man die übriggebliebenen Stränge fest. Wenn die gewünschte Länge fast erreicht ist, läßt man immer eine Schnur bei jedem Überkreuzen aus. Zum Abschluß formt man mit dem einen Ende eine Bucht über das Ende des Zopfes hinaus und flicht nun die anderen Enden durch diese Bucht, bis sich alle gekreuzt haben, zieht jede einzelne Schnur fest, schneidet die freien Enden ab und umnäht dicht.

Der **gerade Zopf** oder die **gerade Platting** werden genauso wie die Rundplatting gemacht, mit der Abweichung, daß eine gerade Zahl von Schnüren genommen werden muß und ihre Zahl ein Vielfaches von vier ist. Die Schnüre werden wieder an einem Ende zusammengebunden und in zwei Hälften geteilt. Nun legt man die am weitesten links gelegene Schnur unter dem Rest des linken Teils durch und bei der rechten Hälfte über zwei dann unter zwei Schnüre und führt sie wieder nach links zurück. Das Gleiche wiederholt sich mit der äußersten rechten Schnur und so abwechselnd weiter, bis die gewünschte Länge des geraden Zopfes erreicht ist.

Die Art und Weise, in der Tauwerk und Lederriemen zum Binden von Bambus im Fernen Osten verwendet werden, ist nicht ohne Einfluß in der Heimat geblieben. Da gibt es einen Knoten, den Galton in seiner »Kunst des Reisens« in Ermangelung eines besseren Ausdrucks den »Malayenknoten« genannt hat. Mit ihm kann leicht, wenn Planken oder Bretter zur Hand sind – ohne Nägel, und ohne die Bretter zu beschädigen –, ein Schutzdach angefertigt werden und dazu noch so schnell, daß eine große Partygesellschaft in wenigen Minuten sozusagen unter Dach ist. Mit einem Blick auf Abb. 207 erkennt man, wie einfach das Knoten geht. Die Schnur wird einmal verdreht, wenn jedes Brett eingefügt ist, und die Latten halten genügend dicht zusammen für ihre befristete Aufgabe.

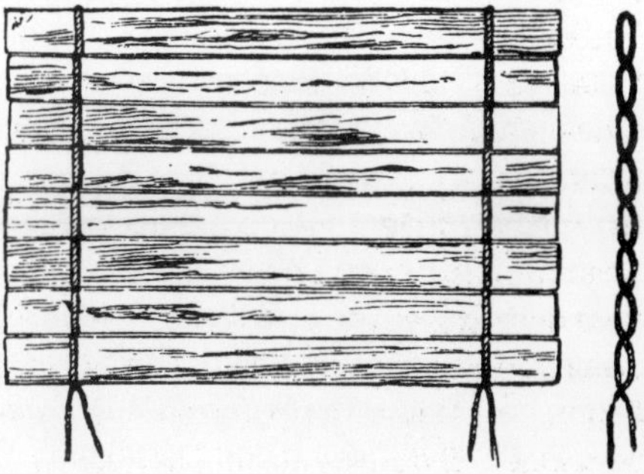

Abb. 207
Malayen-Knoten

Abb. 208
Einfacher Webstuhl

Etwas ganz anderes ist der in Abb. 208 gezeigte primitive Webstuhl. Vor hundert Jahren war die Fertigkeit, mit ihm zu weben, in jedem Bauernhaus bekannt. Hergestellt wird er wie folgt: Man nimmt zwei etwa 40 cm lange Holzpflöcke und steckt sie fest in den Boden, aber so, daß noch etwa 30 cm herausragen. Dann nimmt man einen Holzstock oder eine Stange und bindet sie quer an die Pflöcke. Eine Reihe von Pflöcken schlägt man parallel zu dieser Stange in den Boden und zwar in gleichmäßigen Abständen von nicht mehr als 15 cm. Zwei Reihen Schnüre bindet man dann an die Querlatte. Die einen sind am Webstock festgebunden, die anderen führen vom Webstock zu den Pflöcken gegenüber. Hat man z. B. zwölf Schnüre insgesamt, bindet man die Nummern 1, 3, 5, 7, 9, 11 an den Webstock und die geraden Zahlen 2, 4, 6, 8, 10, 12 an die Pflöcke. Nun wird der Webstock abwechselnd gehoben und gesenkt und jedesmal eine Handvoll Stroh oder Binsen zwischen die Schnüre und parallel zur Querstange eingeschoben. Mit einem Stock schiebt man das Webgut dicht zusammen und setzt einen Knoten davor. So kann mit diesem einfachen Verfahren leicht und schnell eine gute Matte hergestellt werden. Mehr noch: Wenn die Matte ausgedient hat, können die Webschnüre wieder verwendet werden.

Seeleute haben diese Webmethode etwas abgewandelt und nennen das dann »Schwertweben«. Vielerlei wird auf diese Weise an Bord hergestellt, angefangen von Zierfrotteematten über Bootsmatten bis zu Ziergürteln als Geschenke für die Daheimgebliebenen. Für die Länge des Schwertwebstuhls werden zunächst zwei Querstäbe aus Holz oder Eisen entsprechend der gewünschten Größe befestigt. Dann muß der Webstuhl nach dem Vorbild der Abb. 209 ebenfalls aus Holz oder Stahl angefertigt werden. Die Zahl der Löcher und Schlitze hängt von der Zahl der für die Matte benötigten Längsfäden ab. Die Kette, wie die Längsfäden genannt werden, kann aus Zwirn, Bindfaden, Klöppelgarn oder ähnlichem Material sein. Das eine Ende der

Schwertwebstuhl          Schwert

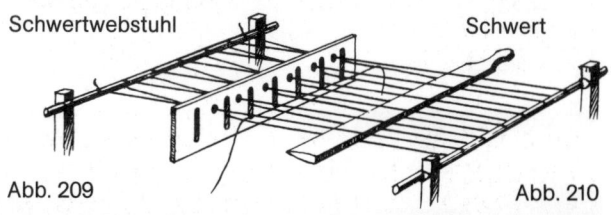

Abb. 209                          Abb. 210

Kette wird nun mit einem Webeleinenstek an einem Ende eines Querstabs befestigt, dann durch das äußerste Loch des Kettenbaums zum anderen Querstab geholt, um ihn herum und zurück durch den ersten Schlitz des Kettenbaums zum ersten Querstab geführt, dort herum und wieder durch das nächste Loch des Kettenbaums usw., bis die Zahl der Kettenfäden erreicht ist, die erforderlich wird. Das Kettenende wird dann an dem Querstab festgemacht, an dem die Matte aufhören wird. Nun bastelt man aus einem Brett mit einer leicht abgeschrägten Kante das »Schwert«. Es wird dann durch die Kettenfäden, die abwechselnd oben bzw. unten bleiben, eingeschoben. Wenn man jetzt den Kettenbaum hebt, kreuzen sich die Kettenfäden. Mit dem Schwert schiebt man diese Verkreuzungen dicht an den Kopfquerstab heran. Dann wird ein »Schuß« durchgelegt und zwar parallel zu dem Querstab am Kopf, dicht an die Überkreuzungen angedrückt und die Enden des Schusses mit halben Schlägen an den äußeren Schnüren befestigt. Damit ist ein Schuß fertig. Der Kettbaum wird jetzt heruntergedrückt, eine neue Reihe von Verkreuzungen entsteht in den Kettenfäden, sie werden mit dem Schwert nach oben gedrückt, und wieder wird ein Schuß wie vorher gemacht und befestigt. Das wird so lange wiederholt, bis man die gewünschte Mattenlänge fertig hat.

Die Fertigkeit, ein Netz zu machen, kann dann und wann von großem Wert sein. Hängematten, Tennisnetze, Fischnetze, Netztaschen und Hunderte von anderen Dingen kann man schnell und leicht anfertigen, denn die Herstellung ist einfach. Für alle simplen Netzarbeiten sind nur zwei Dinge notwendig: der Filetstab und die Filetnadel (Abb. 210). Der Filetstab ist aus dünnem, aber festem Holz, das an den Kanten dünner ist als in der Mitte; mit ihm wird das Netzwerk gebildet.

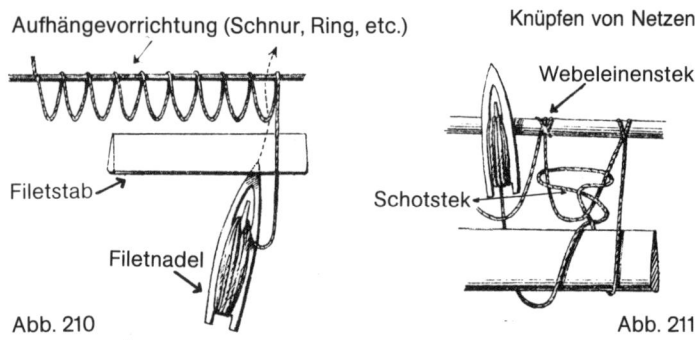

Aufhängevorrichtung (Schnur, Ring, etc.)

Knüpfen von Netzen

Webeleinenstek

Filetstab

Schotstek

Filetnadel

Abb. 210

Abb. 211

Er kann von beliebiger Länge sein und seine Breite bestimmt die Größe der Netzmaschen. Die Filetnadel ist ein aus Knochen, Metall oder Buchsbaum gefertigtes Schiffchen und so konstruiert, daß es eine ganze Menge Netzgarn aufnimmt. Man fängt mit der Netzherstellung so an, daß man eine angemessene Menge starker Schnur aufspannt oder, wenn das Netz rund werden soll, einen Metallring aufhängt und den Anfang des Netzgarns an die Schnur oder den Ring knotet. Nun hält man den Filetstab parallel so an die Schnur, daß mit dem um beide herumgeführten Netzgarn die gewünschte Maschenlänge eingestellt wird. Schließlich wird das Netzgarn mit einem Webeleinenstek wieder an der Schnur befestigt. So fährt man fort – und zwar von rechts nach links –, bis man die gewünschte Netzbreite hat. Der Filetstab wird herausgezogen und nun die zweite Reihe begonnen. Dazu steckt man den Filetstab in die erste linke Masche, führt die Nadel – mit Garn natürlich – in einer Bucht unter dem Stab durch und vorne hoch, dann durch die Bucht der vorhergehenden Reihe, zieht an und hält mit dem Daumen so lange fest, bis man mit der Nadel einen Schotstek um die obere Bucht gelegt hat (Abb. 211). Dieser Stek wird schnell angezogen, wenn man den Daumen weg- nimmt. Damit ist die erste Masche der zweiten Reihe fertig. Dieser Prozeß wird nun nach rechts fortgesetzt, bis jede Masche der vorigen Reihe belegt und die zweite Reihe damit fertig ist. Wenn man das Ganze umdreht, kann man wieder von links nach rechts oder sonst von rechts nach links eine Reihe Maschen arbeiten. Das geschieht so oft – Reihe nach Reihe –, bis die gewünschte Länge des Netzes erreicht ist.

# Stropps und Lastschlingen

Will man schwere Kisten, Fässer usw. bewegen, kommen vor allem Stropps und Schlingen zur Verwendung. Es handelt sich dabei um nichts Neues, sondern nur um die praktische Anwendung verschiedener Methoden, Enden zu verknoten.

Um ein Weinfaß, ein schweres Bündel oder einen Ballen »einzuschlingen«, ist die **Faßschlinge** am geeignetsten (Abb. 212). Sie besteht nur aus einem einzigen Ende mit einem Augspleiß an einem Tampen. Der andere Tampen ist entweder zugespitzt oder gut betakelt. Wenn man ein geschlossenes Faß auf diese Weise anschlingt, legt man es auf den Bauch mit dem Spund nach oben. Der Tampen der Faßschlinge wird durch das Auge genommen und die so erhaltene Bucht über das eine Ende des Fasses gelegt und dichtgezogen, dabei plaziert man den Augspleiß in eine Linie mit dem Spundloch. Nun schlingt man den anderen Tampen um das andere Ende des Fasses zwischen dem ersten und dem zweiten Reifen und macht mit einem Webeleinenstek – in Linie mit dem Spundloch – eine

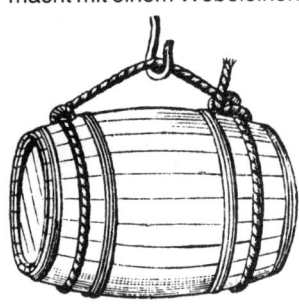

Abb. 212    Faßschlinge

98

zweite Schlinge. Der Haken der Talje wird in der Mitte der Schlinge zwischen Augspleiß und Webeleinenstek eingehakt.

Ein **Ballenstropp** oder **Ringstropp** wird meistens aus einem einzigen Ende starken Tauwerks gefertigt; dabei werden die Tampen kurzgespleißt oder mit einem Kreuzknoten verbunden, dessen freie Enden an die stehende Part gebändselt werden. Auch beim Verwenden eines Ringstropps legt man ein Faß auf den Bauch mit dem Spundloch nach oben und den Ringstropp so darunter, daß die Schlingen jeweils zwischen den Faßreifen liegen. Die beiden Buchten werden dann außen herum so nach oben genommen, daß sie sich über dem Spundloch treffen. Dann zieht man eine Bucht durch die andere (Abb. 213 a). Ganz ähnlich verfährt man bei Ballen und schweren Paketen (Abb. 213 b).

Obige Art, ein Faß anzuschlingen, verwende man nur bei geschlossenen oder leeren Fässern. Mit einem gefüllten, aber offenen Faß muß man anders verfahren; hier empfiehlt sich ein **Faßstek** (Abb. 214). Mit dieser Schlinge kann man auch eine verletzte Person irgendwo heraufholen, wenn andere Hilfsmittel fehlen. Dabei kann die Bucht mit

Abb. 213
Ballenstropp/Ringstropp

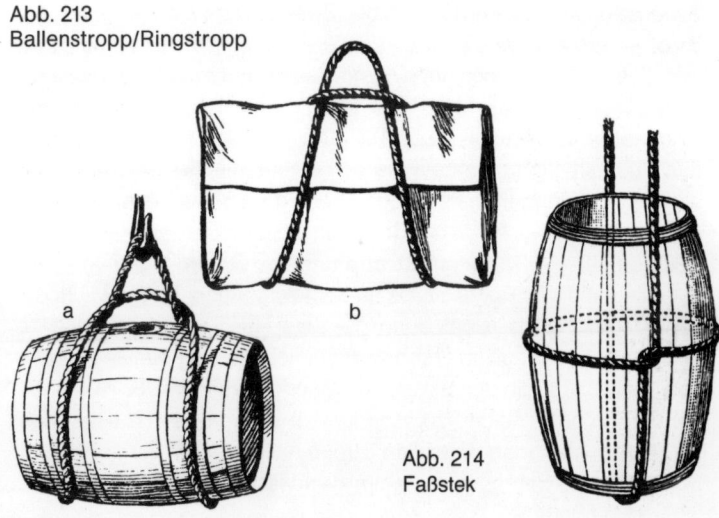

a

b

Abb. 214
Faßstek

99

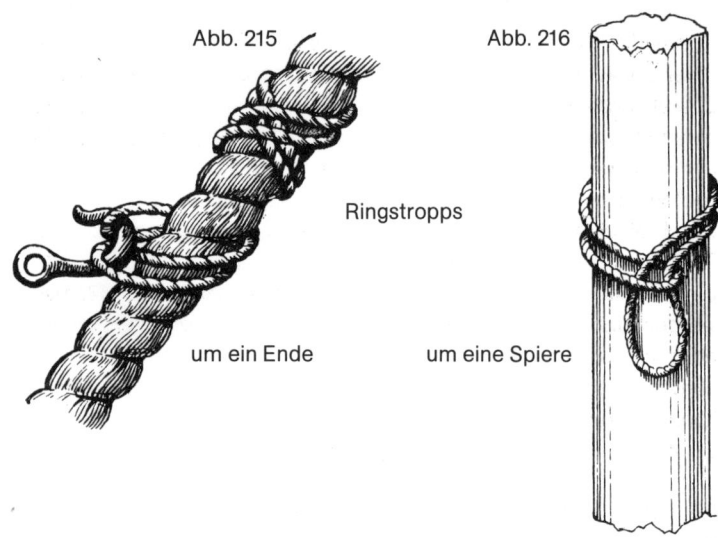

Abb. 215        Abb. 216

Ringstropps

um ein Ende      um eine Spiere

einem großen Palstek gemacht werden. Zur besonderen Sicherheit legt man höher als in der Abbildung noch einen weiteren Stek um das Faß.

Ballenstropps werden für vielerlei Zwecke verwendet – auch als **Stropps um ein Ende** oder eine Spiere, z. B. um eine Talje anzuhaken. Will man ein Stropp um ein Ende legen, legt man zunächst seine Mitte hinten um das Ende und zwar etwas höher, als der Block eingehängt werden soll (Abb. 215). Die auf diese Weise entstandenen Buchten nimmt man auf die Vorderseite des Endes, überkreuzt sie und legt sie mehrmals entsprechend dem Schlag des Tauwerks herum. Der Haken wird zum Schluß in die übriggebliebenen kleinen Buchten gehakt. Bei einem **Stropp um eine Spiere** legt man ebenfalls die Mitte des Rundstropps an dem vorgesehenen Punkt um die Spiere (Abb. 216), zieht dann die eine Bucht durch die andere hindurch und holt dicht. Der abwärtsgerichtete Zug der Talje reicht gewöhnlich aus, um den Stropp genügend festzuhalten. Sollte jedoch der Stropp dazu neigen zu slippen, läßt sich das durch einen Keil verhindern, den man unter den Stropp nach oben treibt.

Ein **Schrottau** gebraucht man, um zylindrische Objekte wie Spieren,

Rundhölzer oder Fässer an der Schiffswand oder geneigten Ebenen unter Lenkung und Kontrolle hochzuhieven oder herunterzulassen. Zuerst wird die Mitte der Bucht eines doppelt gelegten Endes um einen Pfosten oder eine Klampe an Deck oder an der obersten Stelle der geneigten Ebene gelegt. Anschließend führt man die beiden Parten unter dem Transportobjekt durch und wieder an Deck zurück. Durch Nachlassen oder Holen an diesen beiden Enden kann das Transportgut gehievt oder gefiert werden. Beim Schrottau müssen die beiden Enden, die um das Ladegut führen, gut auseinandergehalten werden, und der Zug auf beiden muß gleichmäßig sein, damit es sich nicht verkantet und herausrutscht.

Bisher wurde vieles darüber gesagt, wozu Stropps gebraucht werden können, aber wenig, wie sie gemacht werden. Die gebräuchlichste Stroppform, die Faßschlinge, ist ein Ende, dessen einer Tampen verjüngt oder gut betakelt ist, und in dessen anderen Tampen ein Auge oder eine Kausch eingespleißt ist. Ein **Stropp** entsteht, wenn das betakelte Ende durch das Auge gesteckt und durchgeholt wird, bis die Bucht die richtige Größe hat, dann macht man einen doppelten Schotstek durch das Auge am betakelten Tampen. Dagegen legt man einen **Ringstropp,** indem man die Tampen eines Endes in der richtigen Länge einfach mit einem Kurzspleiß zusammenspleißt. Um einen Stropp an einen Block anzubringen, bedient man sich am besten der »Grummetmethode«. Ein Kardeel eines dreikardeeligen Endes – dreimal so lang wie der Umfang des Blocks (gemessen in der Keep) plus dreimal den Umfang der Rille der Kausch, mit der der Block aufgehängt wird, plus dreimal den Umfang des Endes selbst – wird so bearbeitet, wie man ein gewöhnliches Grummet macht: zusammendrehen, schmarten und bekleeden, dann am Block und der Kausch befestigen, dichtholen und mit einem Rundbändsel die zwei Parten fest verbinden.

Eine sehr nützliche Form eines Stropps ist der **Want- oder Garn-stropp.** Gewöhnlich wird er aus Schiemannsgarn gemacht. Er ist sehr vielseitig verwendbar und kann schnell in jeder gewünschten Größe hergestellt werden. Man nagelt erst zwei Nägel oder Stifte in einem für die Länge des gewünschten Stropps richtigen Abstand in ein Brett, nimmt dann ein Knäuel dreifachen Schiemannsgarns, befestigt das freie Ende mit einem Webeleinenstek an dem einen Nagel und macht eine Reihe von Rundtörns um beide Nägel (Abb. 217). Wenn der Stropp dick genug ist, schneidet man das Garn ab und marlt den Stropp mit engen Marlschlägen (Abb. 218). Der von den Nägeln abgenommene Stropp wird geschmartet oder bekleedet mit Leinwand oder Leder oder auch so gelassen. Er ist sehr fest, vielseitig verwendbar und läßt sich sehr schnell anfertigen.

Abb. 217

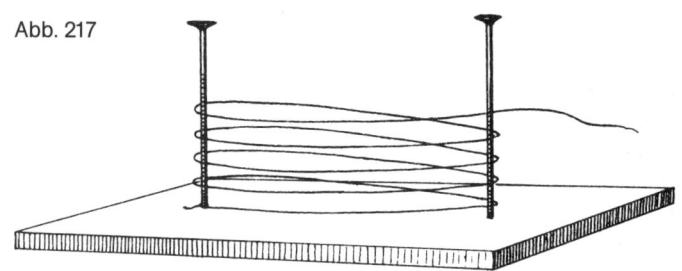

Abb. 218

Want- oder Garnstropp

# Drahttauwerk

Heutzutage ersetzt Drahttauwerk in der einen oder anderen Form weitgehend Kunst- oder Naturfasertauwerk, und wo Fasertauwerk in einer der Belastung entsprechenden Stärke verwendet werden sollte, wäre es von ganz unhandlichem Umfang. Drahttauwerk wird im Prinzip wie jedes andere Tauwerk hergestellt. Stärke und Biegsamkeit erhält man durch Schlagen von Stahldrähten zu Kardeelen, die entgegen ihrem eigenen Drehsinn zu einem Drahttau geschlagen werden.

Prinzipiell unterscheidet man zwei Typen von Drahttauwerk: lehniges Drahttauwerk und Eisen- oder Stahldrahttauwerk, wie es für stehendes Gut gebraucht wird. Bei der Herstellung des letzteren ist die Seele jedes Kardeels aus Draht, und die Kardeele werden um eine Seele aus Natur- oder Synthetikfaser geschlagen. Bei biegsamem Drahttauwerk besteht das Ende aus vielen Kardeelen mit vielen schwachen Drähten. Dadurch wird es lehniger (geschmeidiger). Drahttauwerk ist meist sechskardeelig und rechtsgeschlagen. Zahl und Stärke der Drähte, aus denen die Kardeele gedreht werden, hängen von der Stärke des Endes ab. Drahttauwerk wird ebenso wie Fasertauwerk nach seinem Umfang gemessen. Es wird in Rollen von ungefähr 120 Faden Länge oder der entsprechenden Zahl Meter angeboten. Vor der Verarbeitung der Drähte werden sie geprüft auf ihre Dreh-, Streck- und Bruchfestigkeit. Dann werden sie mit Säure und Sand gereinigt und galvanisiert. Drahttauwerk gibt es in nahezu jeder Stärke von 0,5 cm an – einem dünnen, biegsamen Draht für Drahtbändsel – bis 18 und 20 cm, das von Schleppern für schwere Schlepparbeit verwendet wird. Außerdem gibt es eine Menge Spezialdrahttauwerk und Draht wie Antennendraht, Lotdraht usw.

Jede Art von Drahttauwerk hat eine geringe Schwankungsbreite in ihrer Bruchfestigkeit und ihrem Sicherheitsfaktor; die folgende Zusammenstellung ist jedoch genügend genau für alle Drahtstärken und -arten:

**Laufendes Gut:**

| | | |
|---|---|---|
| Bruchfestigkeit in Tonnen | = Umfang 2 | X 2 |
| Arbeitsbelastung in Tonnen | = Umfang 2 | X 0,5 |

**Stehendes Gut:**

| | | |
|---|---|---|
| Bruchfestigkeit in Tonnen | = Umfang 2 ½ | X 2 |
| Arbeitsbelastung in Tonnen | = Umfang 2 | X 0,4 |

**Galvanisierter Eisendraht:**

| | | |
|---|---|---|
| Bruchfestigkeit in Tonnen | = Umfang 2 | X 0,8 |
| Arbeitsbelastung in Tonnen | = Umfang 2 | X 0,2 |

In der Praxis sollte die sichere Betriebsbelastung höchstens ein Viertel der obigen Belastung betragen. Der unverkennbare Fortschritt in der Verwendung von Draht für viele Zwecke sowohl an Land als auch auf See bedarf keiner Erklärungen – aber Drahttauwerk kann im Gegensatz zu Fasertauwerk weder geknotet noch mit einem anderen Ende Drahttauwerk verknotet werden. Um Tampen von Drahttauwerk miteinander zu verbinden, kann man nur ein Auge in jeden Tampen spleißen und die Augen zusammenschäkeln, oder man muß die Kardeele in einem eng ineinandergreifenden Geflecht verspleißen.

Drahtspleißen unterscheidet sich – obwohl es im Prinzip das gleiche ist – in der Praxis erheblich vom Naturfaserspleißen. Hier arbeitet man mit einem sehr widerspenstigen Material. So kann man die Kardeele nicht mit Finger und Daumen auseinanderlegen, während man den Tampen festhält; alle diese Arbeiten müssen mit dem Marlspieker gemacht werden, der vorsichtig zwischen die Kardeele gesteckt und dann mit Kraft gehandhabt wird, um sie zu öffnen. Das Handwerkszeug zum Drahtspleißen sind zwei kräftige Marlspieker mit scharfen Spitzen, ein mittelschwerer Rundhammer, um die gespleißten Kardeele zu formen, ein Hartmeißel und dazu ein kleiner Stahlamboß, um Kardeele abzuschneiden, eine Drahtzange, um einzelne Drähte abzuschneiden, und eine Menge starken Takelgarns. Beim Spleißen von Drahttauwerk ist das wichtigste, daß man es nicht aufgehen läßt. Man muß kräftige Taklings auf die Tampen aller Kardeele setzen, damit sie nicht im ungeeignetsten Moment boshafterweise aufspringen. Genauso wie beim Naturfasertauwerk werden die Kardeele miteinander verflochten, so daß jedes Paar sich beklemmt; jedoch ist es bei Draht niemals klug, die Verbindungen sehr straff zu machen oder das Kardeel in eine unnatürliche Lage zu zwingen. Das Einstecken der Kardeele sollte schräg erfolgen und im Gegensatz zum Naturfaserspleiß gegen die Lage des Tauwerks. Wie häufig eingesteckt wird, hängt von der Art der Arbeit ab – aber im allgemeinen sagt man: je öfter, je besser. Der Abschluß eines Drahtspleißes sollte immer so erfolgen, daß die Hanfseele mit den Spitzen der Marlspieker herausgeholt wird. In diese Höhlung werden dann die Enden der versteckten Kardeele gedrückt und das Ganze mit dem Hammer biegsam gemacht und geformt. Manchmal wird der beendete Spleiß verlötet, aber gewöhnlich ist es besser, ihn mit gut geölten Leinenstreifen zu schmarten und dann mit Schiemannsgarn zu betakeln oder zu marlen.

**Drahtaugspleiß:** Je 2,5 cm Drahtumfang wird in 30 cm Abstand vom Tampen ein starker Takling aufgesetzt. Von diesem Punkt weg wird zweimal die Länge des beabsichtigten Augspleißes abgemessen und am Endpunkt ebenfalls ein fester Takling gemacht. Alle Kardeele des Tampens werden nun gut betakelt und bis zum ersten Takling auseinandergelegt.

Jetzt wird das Drahttauende zur Augform umgebogen, so daß die beiden Haupttaklings nebeneinanderliegen. Falls erforderlich, benützt man die »Spanische Winde«. Nun werden die sechs auseinandergelegten Kardeele rund um die stehende Part aufgeteilt und sofort ein Marlspieker unter dem rechten aufgelegten Kardeel in die stehende Part gedrückt. Entlang dem Spieker wird das rechte Kardeel gegen die Lage der stehenden Part eingelegt und leicht durchgeholt. Als nächstes steckt man genauso drei Kardeele unter das unmittelbar benachbarte nächste linke Kardeel – man arbeitet also von rechts nach links. Nachdem diese vier Kardeele eingelegt sind, nimmt man das linke aufgelegte Kardeel und steckt es unter zwei bisher nicht benützte Kardeele der stehenden Part. Schließlich steckt man das verbliebene aufgelegte Kardeel nur unter ein stehendes Kardeel. Damit ist der erste Gang des Einsteckens fertig, und jeder der auseinandergelegten Kardeele sollte zwischen je zwei Kardeelen der stehenden Part herauskommen. Der Spleiß wird nun gut mit dem Hammer bearbeitet, um die eingesteckten Kardeele in die richtige Lage und Form zu bringen. Danach wird die Hanfseele der auseinandergelegten Kardeele entfernt und man fährt fort mit der zweiten Runde des Einsteckens. Bei diesem und den folgenden Gängen wird jedes Kardeel von rechts nach links nach der Regel »über eins, unter eins« gegen die Richtung des Schlages durch die Trosse geführt. Beim vierten Gang wird jedoch eine Anzahl Drähte aus jedem Kardeel mit der Drahtzange herausgeschnitten, um den Spleiß allmählich zu verjüngen. Wenn genügend Gänge eingesteckt sind, wird der ganze Spleiß gut mit dem Hammer bearbeitet, die Kardeele in saubere, schräge Lagen gezogen, ihre kurzgeschnittenen freien Enden in die Seele des Tauwerks versteckt und das Ganze geschmartet und gekleedet.

Nachdem man festgestellt hat, daß Kardeele und Drähte nicht aufdröseln, kann man einen **Drahtkurzspleiß** ganz genauso wie einen Hanfkurzspleiß machen. Auch ein **Drahtlangspleiß** entspricht in der Herstellung dem Hanflangspleiß, nur müssen statt drei oder vier Kardeelpaaren sechs Paare verarbeitet werden. Die Kreuzungspunkte der Kardeele sollten so gleichmäßig liegen wie möglich, um eine gleichmäßige Belastung des Endes zu erhalten. Ein Drahtlangspleiß kann natürlich nicht mit Überhandknoten für jedes Kardeelpaar beendet werden. Sie müssen gekreuzt werden, wo sie sich treffen, und dann gegen die Richtung der Lage der Drähte eingesteckt werden und zwar jedes Kardeel ungefähr fünf- oder sechsmal. Dabei wird es allmählich verjüngt.

Ein **Drahtgrummet** für einen Stropp wird wie beim Hanftauwerk mit einem einzelnen Kardeel gemacht. Dessen Länge wird jedoch, in diesem Beispiel, fünfmal die Länge des gewünschten Stropps plus fünfmal der Umfang des verwendeten Drahts sein. Man beginnt wie beim Naturfasertauwerk, macht aber fünf Umläufe mit dem Einzelkardeel. Dabei achtet man darauf, daß die Drehungen im Originalkardeel erhalten bleiben. Zum Schluß werden die beiden Tampen an einem dem Anfangspunkt gegenüberliegenden Punkt überkreuzt und auf beiden Seiten dieses Kreuzungspunktes eingesteckt – »über eins, unter eins« –, bis der Halbkreis vollendet ist. Um einen Drahtstropp in gutem Zustand zu erhalten, sollte er mit geölten Leinenstreifen gut geschmartet und mit Schiemannsgarn bekleedet sowie mit Segeltuch oder sogar mit Leder überzogen werden.

Gelegentlich muß ein Tampen aus Hanftauwerk in ein Ende Drahttauwerk eingespleißt werden. Gehen wir davon aus, daß das Naturfasertauwerk dreikardeelig ist, dann wird es natürlich dreikardeelig verspleißt. Da aber das Drahttauwerk sechskardeelig ist, müssen diese Kardeele paarweise, d. h. im Grunde genommen dreikardeelig verspleißt werden. Ist der Naturfasertampen vierkardeelig, muß das vierte Kardeel beim Auseinanderbreiten auf die drei übrigen aufgeteilt und jedes Kardeel mit einem der gegenüberliegenden drei zusammengelegt werden. Das Ergebnis ist dasselbe wie bei einem dreikardeeligen Ende, und die Spleißarbeit wird beendet wie oben.

Das Verspleißen von Drahttauwerk ist meistens eine schwierige und langweilige Arbeit, und die ersten paar Versuche können einen schon enttäuschen, weil der Spleiß grob und ungefällig aussieht. Trotzdem – mit zunehmender Praxis wird es so leicht und sicher wie Naturfasertauwerkspleißen, und es hat im Vergleich zu den Seilklemmen, -schlössern und Muffen eine ganze Menge Vorteile.

# Anglerknoten

Hier sind die von Anglern gebrauchten bekannteren Knoten und Schlingen zusammengefaßt. Viele von ihnen sind, wie wir sehen werden, aus den schon bekannten Steken und Knoten geformt, aber den Besonderheiten des Materials angepaßt, mit welchem sie gebunden werden.

Zwei Grundknoten für Angler sind der einfache **Überhandknoten** (Abb. 11) und der **Achtknoten** (Abb. 13). Diese Stopperknoten werden auf das Ende der Angelschnur gesetzt. Um die Wurfleine an das Vorfach zu binden, sind der **Einfache** oder **Doppelte Schotstek** (Abb. 68 und 70) am geeignetsten.

Für einen Stek in den Enden des Vorfachs – eventuell muß es erst durch Einweichen geschmeidig gemacht werden – muß der Angler entscheiden, ob der Knoten im rechten Winkel oder in gerader Linie mit der Angelschnur liegen soll. Für einen Knoten im rechten Winkel macht man einen einfachen Überhandknoten in eine Part des Vorfachs, für einen sauber flach sitzenden Knoten nimmt man einen **Palstek** (Abb. 36) oder den **Laufknoten** in Verbindung mit einem **Einfachen Knoten** (Abb. 26).

Wenn ein Metallwirbel in das Vorfach eingebunden werden soll, verwendet man eine abgeänderte Kombination von einem **Rundtörn** und einem **Halben Schlag.** Erst macht man die Rundtörns durch das Auge des Wirbels (Abb. 219), dann drei oder vier von außen nach innen geführte halbe Schläge um die stehende Part des Vorfachs und zieht fest. Der Knoten bildet eine saubere, dichte Rolle.

Um zwei freie Enden glatter Leinen zusammenzubinden – eine häufig

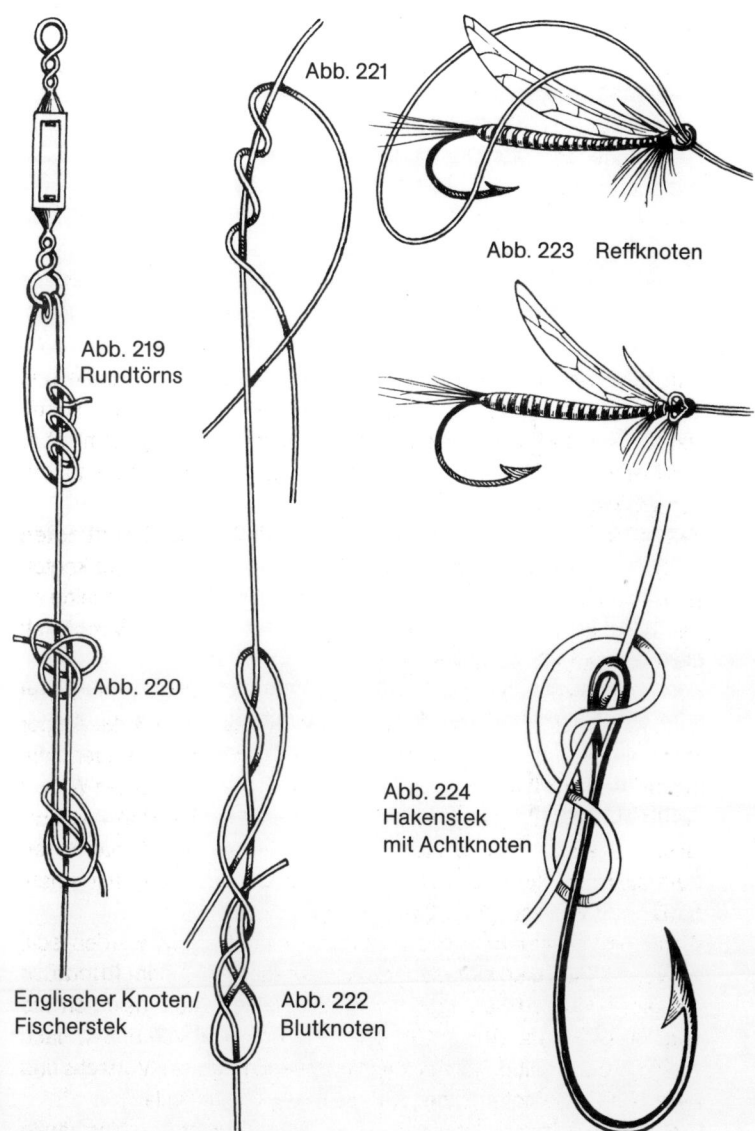

Abb. 221

Abb. 223 Reffknoten

Abb. 219
Rundtörns

Abb. 220

Abb. 224
Hakenstek
mit Achtknoten

Englischer Knoten/
Fischerstek

Abb. 222
Blutknoten

vorkommende Sache, wenn man ein Vorfach festmachen will –, gibt es verschiedene Knoten. Der erste und auch einfachste ist der **Englische Knoten,** von Anglern auch **Fischerstek** (Abb. 80) genannt. Sicherer ist der **Doppelte Fischerstek** (Abb. 220) mit einem zusätzlichen Rundtörn auf beiden Seiten. Der **Blutknoten** (Abb. 222) – manchmal auch »Doppelter Blutknoten« genannt – ist eine gute Methode, zwei Enden glatter Leinen zu verknoten. Die beiden Enden werden gegeneinander nebeneinander gelegt, und zwar das eine etwa 8 bis 10 cm länger. Dann wird der Tampen des kürzeren Endes mit drei Rundtörns rechtsherum um den anderen Tampen gelegt (Abb. 221), zurückgebogen, zwischen die beiden Enden gelegt und mit dem Daumen festgehalten. Genauso wird jetzt der längere Tampen um den kürzeren gelegt. Durch vorsichtiges Ziehen an den langen Parten wird der Knoten festgezogen. Er sieht dann aus wie in Abb. 222. Ein anderer manchmal verwendeter Verbindungsstek ist der **Doppelte Wasserknoten,** aber dieser ist nur ein gewöhnlicher Handknoten (Abb. 74) in Verbindung mit einem Doppelknoten (Abb. 15).

Und so befestigt man einen Angelhaken oder eine Fliege am Vorfach: Wenn das Vorfach in einer Bucht endet und die Fliege oder der Haken ein Auge hat, ist der **Reffknoten** (Abb. 223) kaum zu übertreffen. Zuerst steckt man die Bucht durch das Auge, zieht sie über die Fliege oder den Haken und zieht die Bucht durch das Auge wieder fest. Wenn das Vorfach in *einem* Tampen endet, läßt sich der **Hakenstek mit Achtknoten** gut verwenden. Seine Ausführung ist aus Abb. 224 leicht zu ersehen.

# Spleißen von geflochtenem Kunstfasertauwerk

Geflochtenes Tauwerk ist der größte Fortschritt hinsichtlich wertvoller Eigenschaften des Kunstfasertauwerks. Es besteht aus einer geflochtenen Hülle um eine geflochtene Seele herum (Abb. 225). Mit

Abb. 225  Geflochtenes Kunstfasertauwerk

geflochtene Hülle  geflochtene Seele

der Ausgewogenheit beider erreicht man eine Vollkommenheit des Tauwerks, die vorher nicht erreichbar war. Es ist leicht zu spleißen, lehnig und rutschfest auf den Winschtrommeln. Geflochtenes Tauwerk hat keinen Drall. Es sollte in Achtform aufgeschossen werden; dadurch entstehen keine Verdrehungen im Tauwerk. Die Anfangsbehandlung ergibt eine schöne Oberfläche, die wiederum eine leichte Handhabung bewirkt, und schützt das Tauwerk vor stärkerer Abnützung. Die Größen geflochtenen Tauwerks bewegen sich von 6 mm an aufwärts und sind bei allen Schiffsausstattern vorrätig.

Sowohl neues als auch gebrauchtes geflochtenes Tauwerk kann gespleißt werden. Es ergibt im ersten Fall 85% der Festigkeit. Bei gebrauchtem Tauwerk bleibt es bei der durchschnittlichen Festigkeit. Entsprechend der Dicke des Tauwerks muß die richtige Größe und Form des Spleißfids ausgewählt werden. Sowohl an der Hülle als

Spleißen von geflochtenem Tauwerk

1. Markierung
Abb. 226

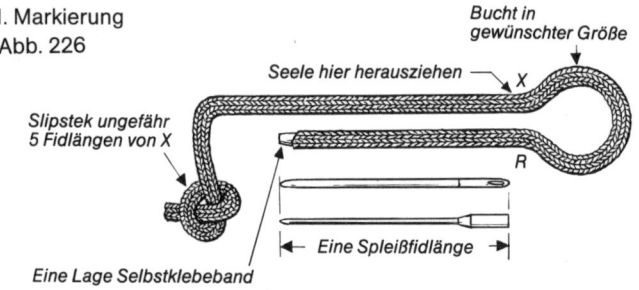

Bucht in gewünschter Größe

Seele hier herausziehen

Slipstek ungefähr 5 Fidlängen von X

R

Eine Lage Selbstklebeband

Eine Spleißfidlänge

auch an der Seele müssen drei Hauptmarkierungen angebracht werden. Diese Marken müssen deutlich gekennzeichnet werden und leicht wiederzufinden sein. Für diesen Zweck empfehlen sich Markierungsnadeln.

Hier folgt eine schrittweise Zusammenfassung der Arbeiten.

**Markierung** (Abb. 226): Man umwickelt den Tampen, der gespleißt werden soll, mit einer Lage Klebeband. Von hier mißt man entlang dem Ende eine Spleißfidlänge ab und markiert (Punkt R). Nun macht man eine Bucht in der Größe des gewünschten Auges und markiert das Ende an einem zweiten Punkt X – gegenüber Punkt R. An diesem Punkt zieht man die Seele aus der Hülle. Fünf Spleißfidlängen von Punkt X entfernt macht man einen Slipstek.

**Herausziehen der Seele** (Abb. 227): Man biegt das Tauwerk zunächst bei Punkt X und öffnet die Umhüllung mit einem Marlspieker oder einem ähnlichen scharfen Werkzeug, indem man die Hüllengarne auseinanderspreizt, bis die Seele auf eine entsprechende

2. Herausziehen der Seele
Abb. 227

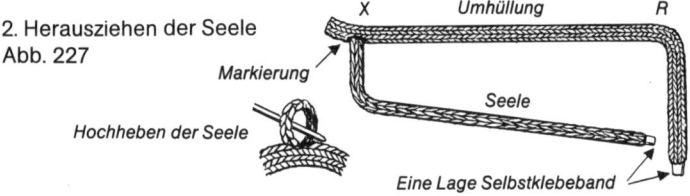

X     Umhüllung     R

Markierung

Seele

Hochheben der Seele

Eine Lage Selbstklebeband

Länge freigelegt ist. Nun hebt man die Seele durch die Hülle hoch und zieht sie vom Punkt X bis zum Tampenende vollständig heraus.
Auch der Tampen der Seele wird mit einer Lage Klebeband umwikkelt. Nun hält man die Seele fest, schiebt die Hülle so weit wie möglich in Richtung Slipknoten und streicht sie dann in Richtung Tampen fest und glatt, bis sie keine schlaffen Stellen mehr hat. Zum Schluß dieses Teils der Arbeit markiert man die Seele dort, wo sie aus der Umhüllung herauskommt. Das wird mit Markierung 1 bezeichnet.

**Markierung der Seele** (Abb. 228): Noch einmal schiebt man die Hülle in Richtung Slipknoten, um mehr von der Seele freizulegen.
Von Markierung 1 mißt man in Richtung Punkt X entlang der Seele ein Stück ab, das dem kurzen Teil des Spiekers entspricht. Am Endpunkt macht man zwei deutliche parallele Markierungen, hier bezeichnet mit 2. Von dort aus wird noch einmal in Richtung Punkt X eine ganze und eine kurze Spleißfidlänge abgemessen und mit drei deutlichen Marken parallel markiert (Markierung 3).

**Markierung der Hülle** (Abb. 229): Beginnend bei Punkt R und auf den Tampen der Hülle zu zählt man zehn aufeinanderfolgende

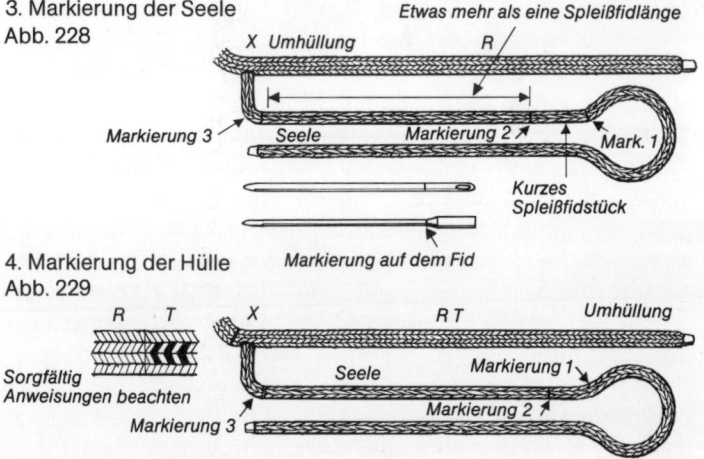

3. Markierung der Seele
Abb. 228

4. Markierung der Hülle
Abb. 229

113

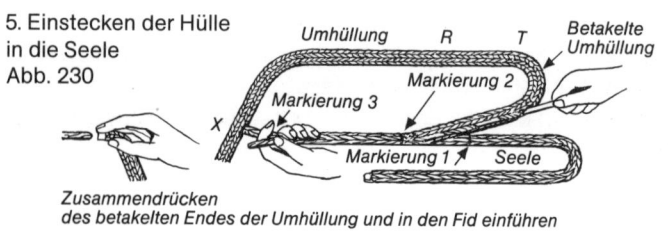

**5. Einstecken der Hülle in die Seele**
Abb. 230

*Umhüllung* R T *Betakelte Umhüllung*
*Markierung 3*
*Markierung 2*
X
*Markierung 1* *Seele*

*Zusammendrücken*
*des betakelten Endes der Umhüllung und in den Fid einführen*

**6. Zurückstecken der Seele in die Umhüllung**
Abb. 231

*Fid und Seele genau am Austrittspunkt wieder einführen*
*Seele bei T einführen*
*Umhüllung* →
R T
*Mark. 1*
X
*Markierung 2* *Markierung 3* *Seele*
*Fid und Ende der Seele müssen bei X herauskommen*

Kardeele ab, die entweder rechts *oder* links um das Ende herumführen, markiert die Hülle beim zehnten Kardeel rund um die Hülle herum und bezeichnet diese Stelle als Punkt T.

**Einstecken der Hülle in die Seele** (Abb. 230): Der Spleißfid wird bei Markierung 2 in die Seele eingestochen und so durchgesteckt, daß er bei Markierung 3 wieder herauskommt. Nun drückt man das mit Klebeband betakelte Ende der Umhüllung zusammen und klemmt es in das hohle Ende des Fids. Die Seele wird leicht bei Markierung 3 gehalten. Man setzt dann den Schubspieker am Tampen der Hülle an, wo er in der Keep des Spleißfids zusammengeklemmt ist, und drückt Fid und Hülle von Markierung 2 bis Markierung 3 und dort hinaus. Jetzt nimmt man den Fid weg und zieht die Hülle weiter durch die Seele, bis Punkt T der Hülle bei Markierung 2 anlangt.

**Zurückstecken der Seele in die Umhüllung** (Abb. 231): Nun setzt man den Fid bei Punkt T an und bekneift den Tampen der Seele fest in der Aushöhlung des Fid. Mit dem Schubwerkzeug drückt man Fid und Seele in die Hülle, bis sie bei Punkt X herauskommen. Je nach Größe des Auges kann es vorkommen, daß der Fid nicht in einem Schub von T bis X reicht. In diesem Fall durchbohrt man, wie in Abb. 231 gezeigt, die Hülle, zieht die Seele durch und führt sie erneut bei diesem Punkt ein.

**Verjüngen der Hülle** (Abb. 232): Man hält die Seele leicht bei Markierung 3 fest und zieht das Hüllenende so weit zurück, daß die Seele am Kreuzungspunkt austritt. So wird mehr von der Hülle zum Verjüngen freigelegt.

Das Klebeband wird entfernt und das Hüllengeflecht, wie beim Einstecken gezeigt, aufgeflochten. Dann werden die Kardeele stufenförmig herausgeschnitten, so wie es beim Verjüngen eines Endes gemacht wird.

7. Verjüngen der Hülle
Abb. 232

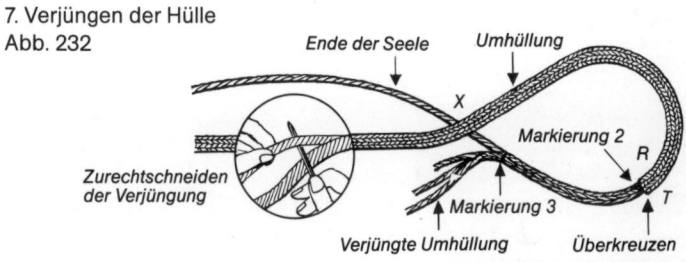

Ende der Seele · Umhüllung · Zurechtschneiden der Verjüngung · Verjüngte Umhüllung · Markierung 3 · Markierung 2 · Überkreuzen · X · R · T

**Einstecken der freigelegten Seele** (Abb. 233): Durch Ziehen an dem Tampen der Seele bei Punkt X bringt man das verjüngte Ende der Hülle an die Markierung 3.

Die Verkreuzung wird leicht festgehalten und das ungleichmäßige Geflecht der Hülle in Richtung auf Punkt X und dann in Richtung auf Markierung 3 glattgestrichen. Dadurch schiebt sich die verjüngte Hülle bei Markierung 3 hinein. *Den Tampen der Seele nicht abschneiden!*

Nun hält man das Ende am Slipstek fest und »melkt« mit der anderen Hand die Umhüllung in Richtung auf den Spleiß, zuerst behutsam dann fester. Die Hülle wird sich über die Markierung 3, dann 2

8. Einstecken der freigelegten Seele
Abb. 233

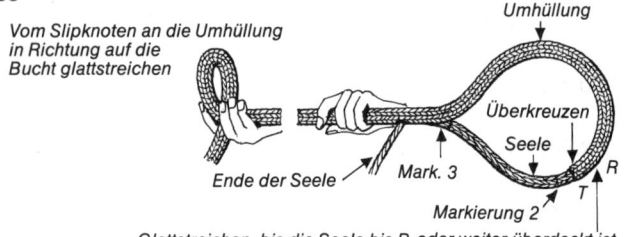

Vom Slipknoten an die Umhüllung in Richtung auf die Bucht glattstreichen

Umhüllung

Überkreuzen

Seele

R

T

Ende der Seele

Mark. 3

Markierung 2

Glattstreichen, bis die Seele bis R oder weiter überdeckt ist

9. Beenden des Spleißes
Abb. 234

Die Überkreuzung ist hier verborgen

Genähter Takling

Umhüllung    X

Ende des umhüllten Teils

Ende der Seele

schieben, danach die Überkreuzung bei Punkt T bis Punkt R. Treten Stauchungen auf – besonders an der Verkreuzung, die das vollständige Umhüllen behindern –, zieht man fest am Seelentampen, bis die Stauchung verschwindet und glättet dann die Bucht von Punkt T nach Punkt X. Dieses Überstreifen setzt man so lange fort, bis zwischen dem Slipknoten und dem Auge alle Weichstellen aus der Umhüllung beseitigt sind.

**Beenden des Spleißes** (Abb. 234): Man bereitet eine Nadel mit Takelgarn vor – am besten Polyesterfaser.
Auch das Auge wird nun geglättet, so daß das Ende fest ist. Der Seelentampen wird bis auf etwa 0,5 cm kurzgeschnitten und dieses Reststück in die Spleißöffnung gesteckt.

116

Wieder wird die Umhüllung geglättet und zwar fest zurück vom Spleiß aus. Man vergewissere sich, daß alle Weichstellen – besonders am Spleiß – entfernt sind. *Das ist wichtig!* Nunmehr setzt man einen genähten Takling so nahe bei Punkt X auf wie nur möglich. – Jetzt wird der Slipstek aufgebunden.

Es ist besser, das Auge so groß wie möglich anzulegen. Wenn man doch ein kleines Auge zu spleißen hat, muß das mit besonderer Sorgfalt und unter Beachtung aller hier gegebenen Anweisungen bis in die Einzelheiten geschehen.

**Betakeln von Augspleißen bei geflochtenem Tauwerk** (Abb. 235): Der Takling sollte zwischen dem verborgenen Überkreuzungspunkt und dem Schaft des Augspleißes aufgesetzt werden. Ist der Spleiß um eine Kausch gelegt, wird der Takling so nahe wie möglich am Schaft angesetzt. Der Arbeitsablauf ist folgendermaßen:

1. Mit einer Nadel näht man durch das Tauwerk eine Verankerung für den Anfang des Takelgarns.
2. Das Ende wird fest mit vier oder sechs Törns umbunden.
3. Dann sticht man die Nadel durch das Ende und zwar dicht beim letzten Törn.
4. Nun übernäht man drei- oder viermal und befestigt das Ende gut.

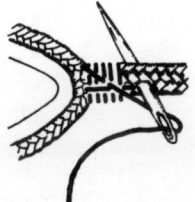 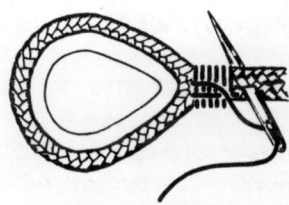

Abb. 235  Betakeln von Augspleißen bei geflochtenem Tauwerk

**Auge in geflochtenem Tauwerk** (Abb. 236) **mit durchgenähtem Kreuzbändsel**

In den achtziger Jahren hat sich eine Technik für einen »haltbaren Augspleiß« eingebürgert, die wie folgt gehandhabt wird:

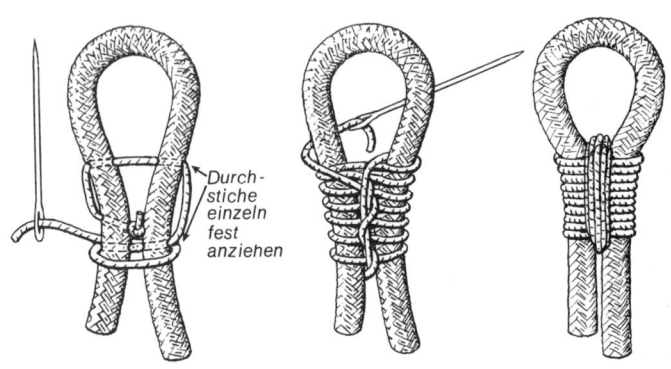

Abb. 236   Auge in geflochtenem Tauwerk mit durchgenähtem Kreuzbändsel

Anders als bei den bebändselten Augspleißen, bei denen die einzelnen Kardeele miteinander verflochten sind, werden beim hier vorliegenden nicht gespleißten Auge Tampen und stehende Part nur aneinandergelegt und mit dem Bändselgut des Taklings durchgenäht. Die in Längsrichtung der Leine ausgeführten zickzackförmigen Stiche sollen etwa anderthalbmal so lang wie der Durchmesser der Leine sein. Sie werden einzeln straff angezogen.

Der Törn um Törn über die genähten Stiche gefertigte Takling wird entweder mit Diagonalstichen oder mit Kreuzstichen zwischen Tampen und stehender Part beendet.

Die Festigkeit eines solchen Auges ist überzeugend. Es kann auch gut in der Mitte einer Fockschot eingenäht werden. Hier wird es am besten mit einem Tausendfüßlerbändsel abgeschlossen.

# »Fancywork« jeden Tag

Eine »Praktische Knotenfibel« sollte wenigstens ein kurzes Kapitel über die täglich millionenfach gebundenen Schmuckknoten enthalten, die uns allen als Krawattenknoten oder Schleifen bekannt sind. Auch die Schuhschleife (Abb. 116) sollte nicht vergessen werden. Sie hält übrigens noch besser, wenn man die Buchten über dem Überhandknoten mit einem Doppelknoten zur Schleife bindet.

Aber nun zu den Krawatten. Sie reichen ihrem Zweck nach in vorchristliche Zeiten zurück. Denn schon damals schmückte der feine Mann seinen Hals mit einer Goldkette oder mit einem sehr kostbaren Tuch aus Seide. In ihrer heutigen Form sind die Krawatten allerdings erst im 19. Jahrhundert zu gleicher Zeit mit dem Hemdkragen entstanden. Und der Selbstbinder, so wie wir ihn heute kennen, kam sogar erst im Jahre 1900 aus England. Abgesehen von einigen Sonderformen, wie Reiterkrawatte, Focale oder Halstuch, gibt es noch die Schleife, die, selbstgebunden, als Smokingschleife schon manchen zur Verzweiflung brachte, obwohl sie nichts weiter ist als ein ganz einfacher Kreuzknoten. Der Windsorknoten (mit zwei langen Enden) und der Coventryknoten (nur mit einem Ende als Bucht gebunden) sind seltene Varianten.

Im Gegensatz zu dem »festsitzenden« Schleifenknoten sind alle Krawattenknoten Laufknoten, denn sonst würde uns manchmal nicht nur der Kragen, sondern auch die Krawatte platzen. Der Krawattenknoten entsteht aus einfachen Rundtörns mit dem obenliegenden »Schmuckband« um die auf der Hemdbrust aufliegende »schmälere

Part« oder auch um den Rundtörn (einen halben übrigens), den man sich um den Hals gelegt hat.

Der einfachste, längliche, aber klassische Krawattenknoten entsteht, wenn man mit dem breiteren Ende einen Überhandknoten schlingt und das schmälere Ende durch diesen Knoten steckt. Einen volleren, schöneren Knoten erhält man, wenn das breitere Ende zweimal um die schmälere Part geschlungen und dann das breitere Ende zwischen Hemdkragen und oberstem Rundtörn von oben durchgeschoben wird. Drei Rundtörns ergeben natürlich einen noch volleren Knoten.

Ob ein Schmuck- oder Gebrauchsknoten dabei entsteht, entscheidet auch hier die Kunst desjenigen, der mit dem »Tauwerk« umgeht.

# Sachverzeichnis*

*Ankerspill* – Vorrichtung zum Heben des Ankers aus dem Wasser

*Anstecken* – Leinen durch Knoten miteinander verbinden

*Auge* – Etwa kreisförmig gelegtes Tauwerk mit sich überkreuzenden Parten

*Bändsel* – Sowohl kurze, dünne Enden als auch Verbindung zweier Gegenstände durch festes Verschnüren

*Bootsmannstuhl* – Sitz, mit dem eine Person in die Takelage gehißt werden kann

*Bucht* – Ein im Bogen gelegtes Ende, dessen Parten sich *nicht* überkreuzen

*Ende* – Jedes längere Stück Tau im Gegensatz zum Tampen oder Steert

*Faden* – Veraltetes engl. Längenmaß für die Wassertiefe (1,83 m)

*Fall* – Tauwerk zum Setzen eines Segels

*Fender* – Elastisches, scheuerfestes Schutzpolster für die Außenhaut des Bootes

*Fieren* – Eine Leine oder Kette nachgeben

*Gaffel* – Rundholz zum Hinausstrecken des oberen Teils des Gaffelsegels

*Hahnepot* – Kraftaufteilung von einer auf zwei Parten

*Hals* – Vordere untere Ecke des Segels

*Hüsing* – Sehr dünnes Tauwerk (unter 5 mm Durchmesser)

---

* Kein Segler-Lexikon, sondern nur eine Zusammenstellung von Begriffen, die im Text dieses Buches nicht ausreichend erklärt werden.

*Jolltau* – Umlenkrolle zur Änderung der Zugrichtung an einem Tau

*Jungfer* – In die Wanten eingespleißte Holzscheibe mit drei Löchern

*Kabelgat* – Stauraum für Tauwerk, auf größeren Schiffen

*Kausch* – Metallkörper in Ring- oder Herzform mit außenliegender Keep zum Einspleißen.

*Kink* – Durch Zug und falsche Lage entstandener Drehtörn im Tauwerk

*Legel* – Kleiner in das Liek eines Segels eingearbeiteter Stropp

*Liek* – Kante eines Segels

*Lose* – Durchhängen einer Leine

*Manntau* – Strecktau an Deck oder auf dem Vorschiff in schwerem Wetter oder Tauende zum Festhalten für Bootsgäste

*Marlspieker* – Dornartiges Handwerkzeug aus Hartholz oder Stahl zum Spleißen und Marlen

*Muring* – 1. Verankerung mit zwei Ankern. 2. Festliegen an einer Muringboje

*Poller* – Festverankerter Pfahl aus Holz oder Stahl zum Festmachen

*Reck* – Dehnung einer Trosse ohne Bruch

*Reep* – Niederdeutsches Wort für Seil im weitesten Sinne

*Reling* – Schutzgeländer an der Deckskante gegen das Überbordfallen

*Roring* –Zugfester Ring z. B. am Ankerschaft

*Schamfilen* – Durch Reiben beschädigen

*Schlag* – Richtung, in der ein Tau während der Herstellung gedreht wird. Man unterscheidet rechts (Z) und links (S) geschlagenes Tauwerk

*Schot* – Meist durch Blöcke geführte Leine, um die Segel seitlich zu verstellen

*Schothorn* – Achtere untere Ecke eines Segels

*Schothornkausch* – In das Schothorn eingelassene Kausch zur Befestigung der Schoten oder der Ausholerleine

*Schricken* – Einer belegten Leine ein wenig Lose geben und wieder belegen

*Seele* – Strang im Zentrum eines wantgeschlagenen Taues entweder aus imprägniertem Fasermaterial oder auch aus Draht

*Segelmacherhandschuh* – Der Fingerhut des Segelmachers. Leder-riemen mit Daumenöffnung und vor dem Daumenballen eingear-beiteter Metallplatte

*Slippen* – Einen Slipstek lösen. Eine Leine, Trosse oder Kette von ihrem Beschlag freigeben. Eine auf Slip gelegte Leine loswerfen

*Spiere* – Ein Rundholz z. B. Großbaum, Fockbaum oder Rah

*Spill* – Drehbare Vorrichtung zum Einhieven der Ankerkette

*Stag* – Drahttauwerk, das den Mast längsschiffs hält, z. B. Vorstag, Achterstag, Backstag

*Steert* – Kurzes Ende aus Fasertauwerk

*Stelling* – Holzplanke als Arbeitsplattform für Arbeiten an der Schiffs-außenwand. An den Enden mit zwei starken Tauenden gehalten

*Stopper* – Ende zum zeitweisen Abfangen von Kräften, die auf einer Trosse oder Kette stehen

*Strecktau* – Ein in schwerem Wetter an Deck längs gespanntes Manntau zum Festhalten. Auch Enden zum Spannen eines Son-nensegels

*Stropp* – Ein kurzes Ende entweder mit Auge (Augstropp) oder in Ringform (Ringstropp)

*Talje* – Kombination von Tauwerk und Blöcken zur Arbeitserleichte-rung

*Tampen* – Äußerste Enden eines Taues oder auch Kardeels. Auch ein ganzes, aber relativ kurzes Stück Tauwerk

*Vorleine* – Der vom Bug nach vorn geführte Festmacher

*Want* – Drahttauwerk zur seitlichen Verspannung des Mastes

*Warpleine* – An den Warpanker angesteckte Leine oder Trosse

*Webeleine* – Kurzes Ende zwischen den Wanten auf Großseglern als Trittsprosse für das Aufentern der Mannschaft

*Wirbelschäkel* – Ein drehbarer Schäkel (kleiner schließbarer Bügel aus rostfreiem Stahl), der sich mit der eingespleißten Leine dreht, so daß sie sich nicht vertörnt

*Zeising* – Dünnes Ende zum Festmachen der Segel

# Register

Absperrknoten 69
Achtknoten 21, 108
Altweiberknoten 38
Amerikanischer Takling 83
Anglerknoten 108
Artillerieknoten bzw.-stek 30, 62
Äußerer Hakenschlag 70
Augspleiß 49, 117

Balkenstek mit einem halben
  Schlag 71
Ballenstropp 99
Bändselleine 17
Behandeln von Tauwerk 19
Beigebändselter Halber Schlag
  26
Beigebändselter Rundtörn 65
Beigebändselter Trossenstek 44
Betakeln der Augspleiße bei ge-
  flochtenem Tauwerk 117
Blutknoten 22, 110
Buchtknoten, Doppelter 38
Buchtspleiß 49
Buchtknotenverkürzung 34
Bullion Knoten 22

Catshank 34
Chirurgenknoten 61
Cutspleiß 49

Diamantknoten 88
Diamantknoten, Doppelter 89
Diebesknoten 38
Dogshank 34
Doppelknoten 22
Doppelschleife 63
Doppelt gedrehter Knoten 63
Drahtaugspleiß 105
Drahtgrummet 106
Drahtkurzspleiß 106
Drahtlangspleiß 106
Drahtspleißen 104
Dreierzopf 92
Dreifachknoten 22

Englischer Knoten 43, 110

Fallreepsknoten 87
Fallreepsknoten, Doppelter 90
Faßstek 99
Faßschlinge 98

Festmacher, Einfacher 77
Fischerstek 43, 110
Flachbändsel 58
Flämischer Knoten 24
Flämischer Laufknoten 24, 65
Flämisches Auge 56
Flechtknoten, Einfacher 92
Französischer Wantknoten 52
Fünffachknoten 22

Gangspillknoten 65
Garnstropp 101
Garotte 81
Gebändselter Festmacher 75
Gedrehter Knoten 63
Gekreuzter Laufknoten 25
Gekreuzter Lerchenkopf 66
Genähter Takling 83
Gerade Platting 93
Gerader Zopf 93
Geschichte des Knotens 9–11
Geschirrstek 30
Gewöhnlicher Zopf 92
Grummet 53

Hakenschlag 70
Hakenschlag, Doppelter 70
Halber Schlag 26
Halber Schlag mit Slipstek 65
Handknoten, Einfacher 40
Henkerknoten 25

Jack Ketch's Knoten 25
Jungferlasching 54

Kabel 15

Kabelgarn 17
Kabelgeschlagenes Tauwerk 17
Kadettenstek 26
Kardeel 17
Kettenspleiß 50
Kettenstek 31
Kettenstek, Doppelter 32
Kleeden 17
Klinsch 26, 67
Knoten, Einfacher 21
Knotenverkürzung 33
Königskrone 85
Kreuzbändsel 54
Kreuzknoten 37, 61
Kreuzknoten mit Slipstek 37
Kreuz-Festmacher 78
Kronenspleiß 87
Kronenspleiß, Doppelter 87
Kunstfasertauwerk 14
Künstliches Auge 56
Kurze Trompete 74
Kurzspleiß 45

Langspleiß 46
Lange Trompete 34
Lasching 54
Laufender Palstek 28
Laufender Türkischer Bund 87
Laufknoten 22
Laufknoten, Einfacher 65
Laufknoten gekreuzt 25
Laufknoten mit vorgesetztem
    einfachen Knoten 25
Laufknoten mit vorgesetztem
    Knoten auf der stehenden Part
    24

Laufknoten mit zwei Tampen 63
Leesegelfallstek 73
Lerchenkopf 65, 75
Lerchenkopf, Doppelter 66
Lerchenkopf, Dreifacher 66
Lotleine 17

Malayenknoten 93
Manharness-Knoten 29
Marlschlag 72, 73
Marlspiekerknoten 65
Marlspiekerschlag 73
Mattheus-Walker-Knoten 90
Maurerknoten 62
Mehrfachknoten 21
Midshipman's Stek 26

Naturfasertauwerk 14, 15, 16, 17
Netzknüpfen 96
Nockzeising 57

Offener Laufknoten 26

Packerknoten 61
Palstek 27–29
Palstek, Doppelter 29
Palstek, Einfacher 27
Palstek-Trossenstek 43
Platting, Einfacher 31
Portugiesische Zurring 81

Rauschknoten 38
Reffknoten 110
Ringstropp 81, 99, 101

Ringstropp fürs Zelt 63
Robandstek 72
Rollstek 72
Roringstek 67
Rundbändsel 58
Rundplatting 92
Rundtörn mit einfachem halben
  Schlag 67, 108
Rundtörn mit zwei halben Schlä-
  gen 67

Schauermannsknoten, Doppel-
  ter 86
Schauermannsknoten, Einfa-
  cher 86
Scherenkopfzurring 81
Schifferknoten 37, 65
Schifferknoten mit entgegenge-
  setzten halben Schlägen 66
Schlaufenknoten 24
Schleife, Einfache 63
Schmarten 18
Schotstek, Doppelter 40, 108
Schotstek, Einfacher 40, 108
Schotstek mit Slip 40
Schrottau 100
Schuhbandknoten 38
Schuhbandschleife 38
Schulmädchenknoten 92
Schwertwebstuhl 95
Sechsfachknoten 22
Slipstek 22
Slipstek am Augspleiß 54
Slipstek und einfacher Knoten 23
Spanischer Takling 84
Spanische Winde 81

Spleißen von geflochtenem
  Kunstfasertauwerk 111
Stellingstek 73
Stopperknoten 89
Stopperstek 71, 74
Stropp 101
Stropp um ein Ende 100
Stropp um eine Spiere 100
Stützsegelstek 72

Takling, Einfacher 82
Taljereepsknoten 90
Taljereepsknoten, Doppelter 91
Tausendfüßlerbändsel 59
Tomfool-Knoten 23
Topsegelfallstek 72
Topsegelschotstek 26, 40
Trensen 19
Trossengeschlagenes Tauwerk
  17
Trossenstek 42
Türkenbund 87
Twistplatting 32

Überhandknoten 21, 39
Überhandknoten für Angler 108
Überkreuzfestmacher 77

Verkürzungsstek, Einfacher bei-
  gebändselter 33
Viereck-Festmacher 78
Vorleinenknoten 26

Wantknoten 52
Wantstropp 101
Wasserknoten, Doppelter 110
Webeleinenstek 62, 71, 75
Webeleinenstek, Doppelter 62
Weberknoten 39
Webstuhl 94
Western Takling 83

Zimmermannsstek 61
Zimmermannsstek mit einem
  halben Schlag 71
Zuspitzen eines Endes 84

# Praktische BLV-Bücher, die Sie kennen sollten!

Gerhard Meyer-Uhl

## Die praktische Skipper-Fibel

Schiffsführung, Flaggenführung, Verkehrsrecht, Leuchtfeuer, Wetter, Küsten- und Astronavigation, Sicherheit auf See, Medizin an Bord – dies sind nur einige Beispiele für die Vielfalt der Themenbereiche, die diese Skipper-Fibel behandelt und durch Grafiken verdeutlicht.

183 Seiten, 85 Zeichnungen, 1 Foto, 7 Wetterkarten

Alexander Kölbing

## Fischerprüfung leicht gemacht

Mit allen Prüfungsfragen

Für die Erteilung eines Fischereischeins wird in einigen Bundesländern das Bestehen der staatlichen Fischerprüfung vorausgesetzt. Hier ist der gesamte Prüfungsstoff übersichtlich aufbereitet. Anhand der Prüfungsfragen kann man die Schwierigkeiten der Prüfung ermessen und den eigenen Wissensstand testen.

3. neubearbeitete Auflage, 239 Seiten, 115 Farbfotos, 7 s/w-Fotos, 124 Zeichnungen

Andreas Barton

## So verbessert man sein Segelboot

111 Tips für Tüftler

Hier findet der Skipper Anleitungen für Detailverbesserungen an Deck, den Umgang mit Leinen, Anker und Bojen, die Inneneinrichtung, Instandhaltung und Pflege, zur leichteren Ausführung von Manövern und Sicherheit an Bord.

95 Seiten, 180 Zeichnungen, 9 Fotos

Reginald Huber

## Grundwissen für die Jägerprüfung

für Ausbildung und Praxis

Dieses Kurzlehrbuch ist in erster Linie zur Vorbereitung auf die Prüfung gedacht, eignet sich aber auch als Nachschlagewerk für die Praxis. Es informiert über Wildkunde, Jagdbetrieb, Hege, Reviergestaltung, Umwelt- und Naturschutz, Land- und Waldbau, Jagdhunde und Waffen. Viele Fotos und Zeichnungen, Übersichten und Tabellen ergänzen den Text.

191 Seiten, 121 Fotos, 116 Zeichnungen

---

In unserem Verlagsprogramm finden Sie Bücher zu folgenden Sachgebieten: **Garten- und Zimmerpflanzen · Natur · Haus- und Heimtiere · Angeln, Jagd, Waffen · Sport und Fitness · Wandern und Alpinismus · Auto und Motorrad · Essen und Trinken · Basteln, Handarbeiten, Werken.**

Wünschen Sie Informationen, so schreiben Sie bitte an: BLV Verlagsgesellschaft, Postfach 400320, 8000 München 40.

---

## BLV Verlagsgesellschaft München